SŒUR SOURIRE

Catherine Sauvat

SŒUR SOURIRE

Récit biographique

Collection « Coup de gueule »

Jean-Claude Gawsewitch Éditeur

130, rue de Rivoli
75001 Paris
www.jcgawsewitch.com
ISBN : 978-2-35013-168-9

« Aller jusqu'au bout... »

Cela ne faisait pas longtemps qu'il était rentré dans la police, et il avait déjà assisté à la découverte de deux suicides. Mais, cette fois, le jeune agent ne l'a pas supporté et s'est évanoui. En revenant à lui, il a éprouvé le besoin maladroit de se justifier. D'ailleurs, même ses collègues semblent tout aussi affectés par le poids du désespoir qu'ils viennent d'entrevoir. Peut-être aussi par cette mise en scène lugubre qui les a pris à la gorge ?

C'est après le coup de fil inquiet d'un ami que la police de Wavre a tout d'abord dépêché un de ses fonctionnaires, qui habitait lui-même dans l'immeuble concerné. Sans réponse de l'appartement du huitième étage, il a décidé d'appeler du renfort. Tout à coup, la résidence des Verts Horizons s'est retrouvée envahie par des ambulances et des voitures de polices dont les gyrophares jetaient leur lumière crue dans la grisaille.

La porte de l'appartement a été forcée, et derrière, dans la chambre, deux cadavres gisent sur leurs lits jumeaux. Sur la table de nuit, deux verres et une bouteille de cognac à moitié vide. La mort par médicaments a, semble-t-il, laissé quelques traces pénibles à regarder, d'autant que l'air est surchauffé et que, de manière obsédante, le bruit d'un tourne-disque, dont le bras bute sur les sillons de fin, grésille toujours.

Ce lundi 1er avril 1985, la matinée est froide et triste. Le double suicide a été minutieusement préparé, ce qu'atteste entre autres le nombre impressionnant de comprimés que toutes les deux ont avalés : elles se sont partagé pas moins de cent cinquante cachets de Temesta et de Depronal (un anxiolytique et un analgésique). Une telle dose signifie de toute évidence qu'elles ne voulaient pas se rater. Aucune trace de précipitation apparente, au contraire tout respire une organisation très méticuleuse. Elles ont rangé et inventorié ce qu'elles voulaient laisser derrière elles – et apparemment certains papiers ont été brûlés. Tout semble parfaitement en ordre, avec des précisions notées sur chaque classement. Dans le bureau, des lettres, des dossiers et des paquets ficelés sont placés bien en vue. Rien n'a été laissé au hasard, le téléphone a été débranché, et le verrou a été poussé de peur qu'un de leurs jeunes amis qui a leur clé n'ait l'idée d'entrer. Pour compléter leur cérémonial d'adieu, elles ont échangé par écrit des mots tendres où elles se sont efforcées de résumer ce que chacune signifiait pour l'autre. Enfin, elles ont bu un dernier café dans la cuisine, ont mis en marche sur la platine le *Concerto n° 1 pour piano* de Tchaïkovski et, après avoir avalé tous leurs cachets avec du cognac, se sont étendues sur leurs lits. Autre démonstration conjointe, elles portent en évidence leur croix dominicaine autour du cou. Seul rappel presque irréel d'une réalité extérieure devenue implacable, le petit bloc calendrier qui signale à sa manière leur dernier jour, le samedi 29 mars.

Annie Pécher avait quarante et un ans, et Jeannine Deckers, plus connue sous le pseudonyme de Sœur Sourire, pas tout à fait cinquante-deux. Elles avaient emménagé ensemble dans cet appartement en 1968, et auront passé là pas moins de dix-sept années. À Wavre, elles étaient l'objet de nombreux commentaires, parfois assez médisants. On disait les voir s'afficher toutes deux dans la rue, le regard un peu provocateur. Leurs faits et gestes ne passaient pas inaperçus. La renommée de l'ancienne religieuse y était évidemment pour beaucoup. « Elle est morte, Sœur Sourire, elle est morte, il était temps », disait déjà l'une de ses chansons, presque vingt ans plus tôt... Au-delà des rimes, la détresse et le désir de tout arrêter avaient souvent émaillé le parcours de la chanteuse ces dernières années. La dépression, la souffrance, les ratages permanents, l'impasse financière avaient fini par l'emporter.

1.

« Qu'est-ce qu'ils s'en foutent les autres »

Le drame s'est joué dans cet appartement, qui était au dire de leurs amis, un lieu très convivial. Les photos montrent un mobilier simple, des étagères regorgeant de livres et quelques images ou cartes postales d'amis ou d'élèves punaisées ici et là. Dans leur chambre, l'armoire est couverte d'affiches des différentes expositions de Sœur Sourire et de quelques posters où Dieu et Jésus tiennent une grande part. Plusieurs messages sont destinés à accueillir cordialement les visiteurs : « Sur toutes mes routes, j'ai croisé l'amitié », annonce celui-ci, extrait de l'une de ses chansons, tandis que se distingue également un « Bienvenue à toi, à vous ». Puis, sur la porte de la chambre à coucher, se détache un « Ici on dort ! » qui, tout à coup, prend une sinistre dimension. Dans le salon, sur un oratoire devant lequel elles venaient prier, est posée une Vierge à l'Enfant, et des icônes de saint

Dominique sont accrochées au mur. Le manteau de la cheminée blanche s'orne de nombreuses photos de toutes les deux. De tout cela émane une impression de dépouillement, presque d'austérité, le papier peint imitant la paille japonaise étant à peine égayé par quelques motifs géométriques sur de rares coussins. Dans la chambre, les rideaux font encore une concession à la mode des années 1970. Enfin, des reproductions de Léonor Fini sont chargées d'une note un peu plus onirique.

Sur la table du salon, elles ont laissé chacune une lettre ouverte. Celle de Jeannine : « Je désire que soient respectées mes volontés suivantes : être enterrée sobrement, avec si possible messe à Clerlande. Je désire être enterrée avec ma croix de Route et reposer auprès de mon amie et sœur Annie. Si malgré tout on nous trouve encore dans le coma, je désire avec force une mort rapide sans aucune réanimation. Ceci sont mes dernières volontés. Sœur Sourire – J. Deckers. » Et juste à côté, sur l'une de ses cartes de visite à son nom, un ultime sursaut d'orgueil : « Souhaite en dernière volonté que dans la presse ou ailleurs figure le surnom Sœur Sourire et non J. Deckers. Merci. »

Annie dit presque la même chose : « Je désire que soient respectées mes volontés suivantes : enterrement sobre si possible avec messe à Clerlande. Je désire être enterrée avec ma croix de Route. Je désire reposer auprès de mon amie et consœur Sœur Sourire. Si on nous trouve dans le coma, je ne désire aucune réanimation mais une mort rapide. Ceci sont mes dernières volontés. Annie P. »

Ne serait-ce que par ces quelques lignes, la place d'Annie se dessine déjà dans son rôle toujours un peu plus effacé, en retrait derrière une Sœur Sourire qui prenait beaucoup de place dans leur couple et dans leur vie de tous les jours. Sa « sœur » et « consœur », selon leurs propres termes, était de toute évidence le personnage dominant.

Les cartes qu'elles se sont échangées sont plus personnelles dans leur expression. Celle de Sœur Sourire est un poème qui évoque leur vie « à deux », mêlant le souvenir de leurs cœurs et de leurs corps. Celle d'Annie est un mot de remerciement pour ce qu'elles ont traversé ensemble. Curieusement, elle pense aussi à demander pardon au Seigneur. Les deux femmes ont-elles écrit l'une face à l'autre, s'observant et s'attendant afin de se lire juste après ?

Ont-elles ensuite pleuré, émues de découvrir leur relation chacune sous la plume de l'autre ? Annie parle de « plénitude » et de « souffrance physique et morale », Jeannine retrace leur union et leur « départ à deux », ainsi que leurs « joies » et leurs « peines ». Chaque mot est révélateur de sa signataire, le plus émouvant étant peut-être *a contrario* celui d'Annie, manifestement malhabile dans ce genre d'exercice... Un jour avant, elle avait laissé à sa « Nine » chérie une carte postale beaucoup plus emportée et amoureuse, dont l'image qui représentait deux petits phoques se tenant l'un contre l'autre était surmontée par des cœurs. Elle lui disait l'aimer à la folie, être déterminée à lui donner sa vie et son cœur et souhaitait : « que ces quelques jours qui nous séparent de notre vie éternelle soient des jours de bonheur et surtout de tendresse, de câlins ».

Celui qui a donné l'alerte est un de leur ami, Jean Berlier, un expert-comptable. Au courrier de lundi, il a découvert une longue lettre sans équivoque d'Annie que terminait un post-scriptum de Sœur Sourire. Ce qu'elle a écrit est précis, factuel, empli de ce que la jeune femme nomme des « détails pratiques et sordides » concernant la cérémonie, leurs deux familles à prévenir : elle rappelle leurs dettes et donne l'explication de leur acte accompli « d'un commun accord ».

« Nous sommes à bout moralement et financièrement, nous n'en pouvons plus de lutter et nous n'avons plus un franc pour vivre [...] Jeannine est en perpétuelle dépression et vit pour moi, moi je vis pour elle. Ca ne peut plus continuer, nous souffrons vraiment trop et aucun ami ne veut nous aider financièrement – oui deux ou trois mille francs par-ci par-là que l'on doit rendre et que l'on ne sait pas. Nous nous enfonçons de plus en plus. Et puis nous avons raté notre vie toutes les deux... », explique Annie avec la franchise qui semble toujours être la sienne.

Un autre ami, prêtre de son état, Jean-Yves Quellec, a trouvé de son côté une lettre de Sœur Sourire qui enfonce le clou qui ne dit rien d'autre, avec des termes encore plus sombres : « Le suicide à deux se justifiant par la difficulté d'Annie comme la mienne de voir souffrir l'autre sans recours [...] Je te demande de comprendre, dans toute la mesure du possible, ces désirs de mort qui nous montent à la gorge devant tel nouveau pépin, telle nouvelle déchirure sur le plan affectif, religieux. Je n'en veux pas trop au Seigneur : ce n'est sans doute pas à cause de lui que la merde est notre paysage quotidien. Mais les remèdes existent et nous sommes prêtes à tout pour accélérer notre fin. »

Pendant longtemps, Annie a lutté vaillamment, craignant de voir son amie succomber à cette sinistre tentation, cherchant avant tout à résister contre le défaitisme et l'abattement journaliers de leur vie. Elle était celle des deux qui ne lâchait jamais prise. Puis il semble qu'elle ait été gagnée à son tour par la conviction que leurs épreuves devenaient vraiment insurmontables et que plus rien ne pourrait désormais arrêter la chute. Une fois la décision prise, elles ont été portées ensemble par une sorte d'euphorie aux vapeurs aussi enivrantes que l'alcool ou les psychotropes. Leurs rêves échouaient là, vers ce qu'elles imaginaient d'une vie éternelle certainement moins cruelle que celle qu'elles s'étaient efforcées de mener sur terre. Il leur restait l'illusion de l'après. Sœur Sourire émet surtout le vœu de continuer à vivre dans la pensée des gens qui aiment ses chansons. D'ailleurs Annie, dans sa lettre à Jean Berlier, le formule ainsi : « Nous te laissons tous les manuscrits de Jeannine si tu peux en faire quelque chose comme œuvre posthume. Nous te laissons tous ses disques si tu peux la promotionner, cela ferait plaisir à Jeannine de ne pas mourir pour tout le monde. »

Toutes deux pensent plutôt à s'excuser à l'avance de la peine qu'elles vont causer. Elles n'expriment pas de ressentiment envers la société, elles ne veulent pas heurter qui que ce soit. Pas d'accusation ni de réquisitoire, juste un constat désabusé et le refus de se laisser bercer par de nouveaux faux espoirs. Elles veulent faire face à la fin qui s'approche, à cette échéance encore secrète qui les soude et qu'elles n'ont pas envie de manquer.

Arrivé un peu plus tard sur les lieux du drame, le prêtre Jean-Yves Quellec prie à leur chevet. Elles lui ont demandé de s'occuper des formalités de l'enterrement, craignant en effet de se voir refuser des funérailles religieuses en raison de leur geste condamné par l'Église. Entre-temps, un médecin légiste a fait le nécessaire, et après les examens d'usage, leurs corps recouverts d'un linceul sont retirés tandis que des scellés apposés ferment la porte sur leur vie.

La nouvelle se répand très vite. Tout à coup, Sœur Sourire est réapparue sur le devant d'une scène devenue funèbre. Elle qui avait surtout été l'auteur d'une chanson à succès, *Dominique,*

nique, nique, qui avait même, dans les années 1960, dépassé Elvis Presley sur les charts américains ; elle qui, enfin, avait symbolisé une fraîcheur d'âme et une spiritualité joyeuse pour toute une génération. Que s'était-il passé ? Comment avait-elle pu en arriver là ? Quatre ans plus tôt, elle avait pourtant tenté un come-back avec une version électronique de sa chanson fétiche. Il est vrai que, malgré un accueil enthousiaste, le succès n'avait pas été aussi important que prévu, les jeunes trouvant sa chanson un peu ridicule et, malgré les nouveaux arrangements, trop loin des goûts actuels.

Une dépêche de l'AFP annonce le mardi 2 avril son suicide et celui d'une « amie kinésithérapeute avec laquelle elle vivait », après absorption de barbituriques et d'alcool. Puis le communiqué rappelle en deux phrases qu'elle avait quitté son couvent en 1966 et récemment « fondé un institut pour autistes » qui avait dû fermer « faute d'argent ». L'entrefilet conclut sur les « ennuis financiers » qui pourraient expliquer leur geste. La presse est quant à elle beaucoup plus catégorique. *Libération* parle de son « martyr fiscal », *Le Soir* titre : « Sœur Sourire menée au suicide par ses problèmes financiers ». La presse américaine n'est pas en reste et la NBC se déplace de New York pour filmer les lieux. D'autres télévisions tentent en vain d'approcher le couvent auquel Sœur Sourire avait appartenu, ainsi que le percepteur responsable de toutes les saisies qu'elle avait dû subir. Les accusations grondent. La reine, à laquelle l'ex-religieuse avait encore écrit quelque temps auparavant, fait savoir son indignation. Dans le courrier de Sœur Sourire se trouve notamment une lettre de bons vœux pour l'année 1985 que Fabiola n'avait pas oublié de lui faire parvenir.

Le père Quellec organise la cérémonie à Clerlande comme toutes deux l'ont réclamé. Leurs cercueils en bois clair sont posés à même le sol, quelques rares bouquets encore enveloppés de papier Cellophane les encadrent, et des fleurs recouvertes d'un bandeau sont placées sur celui de Sœur Sourire. Des tulipes blanches s'ouvrent dans deux vases. La lumière est belle dans la petite chapelle où l'assistance, disposée en arc de cercle, entoure les disparues. L'ecclésiastique lit le cantique d'Ézéchias, roi de Juda dans le livre d'Isaïe, avec ces phrases qui résonnent comme un rappel de la lutte menée par les deux femmes :

« Au milieu de mes jours, je m'en vais, aux portes du shéol je serai gardé pour le reste de mes ans.

« Je ne verrai pas Yahvé sur la terre des vivants, je n'aurai plus un regard pour personne parmi les habitants du monde.

« Ma demeure est arrachée, jetée loin de moi, comme une tente de bergers ; comme un tisserand j'ai enroulé ma vie, il m'a séparé de ma chaîne.

« Du point du jour jusqu'à la nuit tu m'as achevé... »

Après une vibrante homélie qui invoque tolérance et compassion, le cortège se dirige vers le cimetière de Wavre où les deux cercueils sont enterrés dans une même tombe. Une simple croix en bois indique leurs noms. Ce n'est que beaucoup plus tard qu'un échevin de la ville, touché par cette preuve toujours aussi manifeste d'abandon, financera une pierre tombale sur laquelle se déploie un cœur en marbre avec ces mots gravés : « J'ai vu voler son âme à travers les nuages », un vers tiré de sa chanson *Luc Dominique* (qui date de 1967).

À première vue, l'imbroglio financier est invraisemblable et les démarches se heurtent à des va-et-vient absurdes : d'un côté les impôts dans différentes administrations, de l'autre la banque, sans compter les nombreuses dettes auprès de la pharmacie et de leurs amis... pour un montant total estimé à peu près à 99 000 euros (en 1974, lorsque le fisc a commencé à réclamer des arriérés, la somme n'était « que » de 22 000 euros). Si les montants sont à ce point élevés, c'est que les intérêts n'ont cessé de courir et de grimper à un taux vertigineux. Malgré leur geste désespéré, rien ne semble vouloir se régler pour autant. Nommés exécuteurs testamentaires, Jean Berlier et Jean-Yves Quellec ne seront pas en mesure de distribuer les quelques souvenirs laissés par les deux femmes à leurs familles ou amis puisque les dettes n'ont pas été apurées.

Sœur Sourire savait-elle même ce qu'elle devait vraiment ? Avait-elle compris les rouages de ce mécanisme ? Elle n'a cessé d'accumuler les faux pas et de prendre des décisions contradictoires. Quand elle a trouvé en la personne de Jean Berlier et de l'un de ses amis avocat un appui concret, elle n'a pas voulu aller jusqu'au bout de certaines démarches évidentes – notamment celle qui aurait mis son couvent en cause. Au regard de ses droits d'auteur perçus dans le monde entier, elle aurait dû toucher beaucoup d'argent ; or il apparaît surtout que de nombreuses personnes (ou institutions) se sont servies sur son dos. La spirale de l'adversité et des déboires de toutes sortes ne s'est jamais arrêtée. Peu après sa mort, le relevé trimestriel de la Sabam (la société des auteurs) faisait pourtant état de 15 000 euros de gains, ce qu'elle n'aurait pas pu toucher de toute façon, puisque depuis 1976 le fisc saisissait toutes ses rentrées d'argent à la source, la prenant littéralement à la gorge. Le constat que les deux femmes font dans leurs dernières lettres est bien le reflet d'une vraie misère : à peine de quoi survivre, payer la nourriture, les médicaments. Dans leur appartement, la température ne dépassait pas 13 degrés.

Le public comme les médias accusent et pointent du doigt le couvent, la compagnie de disques et le fisc. Certains se justifient à leur manière, d'autres adoptent la politique du refus et ne veulent pas communiquer sur le sujet. Le plus aberrant est atteint quand il est demandé aux pharmaciens – ceux-là mêmes qui ont vendu les médicaments à Sœur Sourire, qui en était largement dépendante, et qui ont fourni ce qu'il fallait de Temesta et de Depronal – de restituer les tableaux que la chanteuse leur avait donnés en règlement amiable de ce qu'elle leur devait de mois en mois. Ces toiles faisaient partie de la succession et devaient être présentées à une vente publique. En cas de refus, c'était toute la procédure générale qui était menacée de s'écrouler et qui était à revoir complètement.

Puis il apparaît que l'État avait finalement pris en compte les réclamations de Sœur Sourire et avait décidé depuis assez longtemps déjà d'effacer la somme colossale des intérêts accumulés – presque la moitié du total (ce qu'elle n'a jamais su, évidemment). Cela n'avait pas été fait jusque-là parce que l'administration voulait engager dans un premier temps une action contre le couvent. Cet aveu du fisc prouve ainsi que la bonne foi de la chanteuse était avérée pour lui et qu'il avait désigné un autre responsable. Tout cela témoigne d'une situation sans issue où les contradictions abondent. Mais n'est-ce pas aussi l'effarante démonstration de l'absurdité de leur suicide ?

Enfin, l'appartement pour lequel Jeannine avait pris un prêt hypothécaire ne pouvait pas, pour cette même raison, être vendu. Et là aussi les intérêts couraient, tout comme les charges locatives. Devant cette avalanche de controverses et de batailles qui restaient apparemment vaines, on comprend mieux le découragement grandissant des deux femmes qui ont tout essayé, sans jamais avoir la certitude de s'en sortir. Ce qui les a tuées toutes les deux, au-delà des coupables tout désignés – le couvent, la maison de disques, le fisc –, c'est un engrenage sans fin qui les a broyées de manière inhumaine. L'ex-religieuse, à la recherche de valeurs spirituelles, n'a jamais pu se plier à la mécanique implacable d'une prétendue logique financière.

Tout au long de sa vie, Jeannine a eu beaucoup à faire pour tenter de survivre. Une enfance triste lui avait déjà donné le goût de s'enfuir, à laquelle s'étaient rajoutées une difficulté à s'engager dans le mariage et une sexualité ressentie comme culpabilisante. Enfin, l'ultime rempart qu'avait formé sa foi pendant un certain temps du moins n'avait pu la préserver d'une réalité vacillante et rétive.

La simple histoire de son pseudonyme est révélatrice de son parcours : quand elle signe son premier disque, « Sœur Sourire » lui est proposé, pour ne pas dire imposé, puis lorsqu'elle quitte le couvent, elle se voit forcée d'y renoncer. Elle en choisit alors un autre pour la scène – Luc Dominique –, mais n'a de cesse de récupérer le premier dont elle ne voulait pourtant pas. « Sœur Sourire » a toujours été un nœud de conflits, à la fois de son identité et de son statut de chanteuse, le symbole de son succès et de toutes les difficultés qui l'ont entraînée à sa perte.

Car, malgré sa notoriété, l'échec est toujours vissé en elle. Présent à chaque instant de sa vie, il traverse tous les paliers, personnel, familial, amoureux et professionnel, comme autant de zones de turbulence. Dans ses journaux intimes emplis de doute et de plaintes, elle s'est livrée avec parfois beaucoup de discernement, souvent beaucoup de colère, s'évertuant à cerner les malentendus qui planaient sur elle... Pourtant, le premier, sorti en 1968 sous le titre *Vivre sa vérité* et dont la préface rédigée par un Frère prétend qu'elle l'a rédigé « presque sans retouche », a été plus que certainement expurgé par ses propres soins, par crainte de la condamnation des autorités religieuses. Elle avait même pris le soin de changer la plupart des noms de son cercle d'amis – Annie Pécher y figurait ainsi sous le nom de Bénédicte. Le second, intitulé *Celle qui dormait* et qui comporte beaucoup plus d'éléments personnels et intimes, ne sera jamais publié. Le plus triste est finalement de voir à quel point cette femme éprise d'absolu s'est heurtée aux conventions, quelles qu'elles aient pu être. Dans son premier journal, elle cherchait pourtant à voir clair en elle-même et amorçait une réflexion profonde, malgré la véritable autocensure qu'elle s'était infligée envers ce qu'elle savait être ou non recevable.

Fréquemment, elle a donné l'impression de se rendre compte du terrible gâchis de sa vie, sans pour autant détenir les clés qui feraient tout basculer vers une issue favorable. Face à ses propres crises d'angoisse et de mal-être, elle a tenté tout ce qui lui semblait possible : un nombre incalculable de thérapies comme le rêve éveillé dirigé, le Rebirth, la Gestalt-thérapie, l'audiophonologie, la psychagogie... ses incursions ressemblent au catalogue des techniques en vogue à l'époque. Au milieu de tous ces apprentissages, elle s'est aussi fait la réflexion que trop d'introspection pouvait peut-être tout autant lui nuire. Le sport également, la natation, l'aïkido, le ju-jitsu... ont été pour elle des dérivatifs très utiles. À chaque étape, le silence et la religion se sont imposés comme des havres nécessaires, rapidement menacés par une peur de l'enfermement dont elle a tout autant cherché à se libérer. Ce sont aussi ces mouvements de balancier d'un extrême à l'autre qui l'ont épuisée.

Parallèlement, elle a vécu la relation à autrui, comme avec le public qu'elle a tant recherché, avec beaucoup d'appréhension, persuadée qu'elle était de ne pas parvenir à sortir d'elle-même. « J'aime beaucoup les autres », confiait-elle naïvement dans une émission de télévision en 1972. Mais au fur et à mesure des années qui passaient, son image coïncidait de moins en moins avec qui elle était vraiment ; le désarroi permanent de la jeune religieuse a entravé sa prétendue jovialité. Au fil de ses interviews, son regard assez posé et le visage plutôt serein des premières années se sont transformés en un air traqué et éteint, comme absent.

Au moment où elle s'interroge sur sa foi et s'apprête à quitter le couvent sort un grand film hollywoodien inspiré de sa vie, *The Singing Nun*, avec la jeune Debbie Reynolds. Il y est question d'une jeune religieuse « moderne » qui roule en mobylette et dont l'engagement énergique dans les ordres n'admet ni résistance ni même découragement. Autant dire que ce destin très romancé n'avait que peu à voir avec sa vraie personne, tout comme son pseudonyme était loin de cadrer avec son caractère... Même si elle était prévenue qu'il ne s'agissait que d'une lointaine évocation, pouvait-elle voir dans ce reflet d'elle-même autre chose que l'image de ce qu'elle aurait dû être ? Au mieux, elle n'était que l'ombre de la fantasmatique Sœur Sourire, sans parvenir à s'extraire de cette ambiguïté.

La matérialité s'est toujours rappelée à celle qui a tout autant cherché à l'esquiver. Ses rêves de spiritualité, de rencontres d'autrui, son idéal n'ont jamais tenu longtemps face au martelage incessant des dettes. La dépression a vite repris du terrain et a construit autour d'elle une chape de plus en plus hermétique. Il reste que les raisons de ses décisions peuvent paraître assez surprenantes. Là aussi, elle oscille entre deux pôles. Parfois elle semble curieusement assez indifférente à son propre sort. Puis, lorsqu'elle réagit et tente à nouveau de s'en sortir, elle fait preuve d'une grande énergie, jusqu'à ce qu'un autre revers survienne. Ses ripostes dans la plupart de ses actes témoignent plutôt de réactions d'ordre pulsionnel. Vite acculée à la défense ou l'autojustification, elle aurait voulu simplement qu'on la « laisse vivre ce qu['elle] désire ».

« "Plus que le pain, l'homme a besoin d'admiration", a écrit quelque part Duhamel, et c'est bien vrai », s'exclame-t-elle en avril 1964. Elle a bénéficié pendant longtemps de celle, inconditionnelle, de sa compagne, Annie, qui a rayonné sur elle avec grand profit, mais qui ne pouvait pourtant pas remplacer celle des autres, à laquelle elle aspirait de toutes ses forces.

L'histoire de sa vie est finalement très mystérieuse, non pas uniquement parce qu'elle a connu un destin erratique, mais aussi parce que sa naïveté a attiré quelques aigrefins qui sont partis en emportant certaines clés de son existence. Le premier avocat du couvent, qui est mort assez rapidement, n'a rien laissé derrière lui des acquisitions de terrains ni des donations qu'il aurait faites pour elle. Après le règlement de sa succession, il n'y aura même aucune trace de ses minutes au cabinet. Un imprésario qui l'engage pour une grande tournée au Canada disparaît avec une partie de l'argent qu'elle a gagné... Et quand des signes positifs semblent venir à elle, elle leur oppose une sorte d'apathie, comme si elle s'attendait toujours au pire.

Le mois de leur suicide, en mars 1985, de nouvelles gouttes d'eau font déborder une coupe déjà bien pleine. Le fil de leur vie est de plus en plus distendu. Jeannine perd sa place d'animatrice religieuse. À l'hôtel de ville de Wavre, où elle expose comme chaque année et où elle a tout de même vendu deux croquis, elle a pu constater que son vernissage n'a attiré que très peu de monde. Elle est tombée dans l'éternelle spirale médicamenteuse, entre euphorisants, somnifères, calmants et autres coupe-faim, souffre également de boulimie et d'une migraine presque constante. Des problèmes plus ou moins récurrents de santé lui font prendre à cette période un rendez-vous à l'hôpital afin de faire des examens plus poussés. Elle n'aura très certainement même pas pris connaissance des résultats.

Son dernier mot à Jean Berlier tient dans ce post-scriptum : « Avant de rejoindre les terres lointaines promises par Dieu, je te fais une grosse bise et te confie la promotion et l'édition d'un livre sur Sœur Sourire. Il y a quelques cassettes inachevées et des projets de chansons. Tout forme un tout. Bises dans l'amertume et la tristesse. »

Une fois de plus, si Jeannine s'est tue, il faut que lui survive Sœur Sourire, l'une a une nouvelle fois pris le pas sur l'autre...

2.

« *Dominique, nique, nique...* »

« Cela me va comme un bouton de col à un veau, et on voit bien que l'on ne me connaît pas. » D'ailleurs, ce nom est vraiment tout à fait « stupide », martèle-t-elle. Elle, Jeannine, devenue la toute nouvelle sœur Luc-Gabriel du couvent dominicain de Fichermont, allait donc s'appeler Sœur Sourire ? Tout s'était hérissé en elle à cette idée. Dans une interview à la télévision française en 1964, elle a raconté comment ce nom avait été choisi pour elle, bien obligée ensuite d'accepter, que cela lui plaise ou non. C'est un consultant de la compagnie de disques, Philips, qui a fait une sorte de test en France en faisant écouter *Dominique* à différentes personnes et en proposant plusieurs pseudonymes possibles. « "Sœur Sourire" est sorti haut la main », résume-t-elle alors, à peine narquoise. Dans le panel auquel il est fait allusion, le choix avait été fait uniquement à partir de sa voix. Pour la plupart, l'impression était celle d'une joie intérieure, renforcée par le contenu religieux des paroles.

Au journaliste qui lui demandait si sœur Luc-Gabriel et Sœur Sourire étaient finalement deux personnes distinctes, elle avait éludé par une pirouette : « Sœur Luc-Gabriel n'a pas changé de vie pour autant », pour se reprendre un peu plus loin : « J'ai déjà changé, heureusement, sinon on reste sur le même palier...

Apparemment, la création de cette nonne enjouée n'avait rien à voir avec ses préoccupations du moment. D'autant qu'à cette perspective inattendue de faire un disque se joignait en même temps un certain nombre de contraintes. Le plus nébuleux étant la nature exacte de son rôle : pouvait-elle ou non se considérer comme Sœur Sourire et s'incarner alors dans ladite personne ou, comme le lui serinait sévèrement la mère supérieure, n'était-elle qu'un rouage anonyme de leur communauté ? Celle-ci lui avait fait très clairement comprendre que, bien qu'elle ait composé et chanté ses chansons, elle ne devait surtout pas s'imaginer être différente des autres. « Les autorités religieuses veillent à mon humilité », avait-elle alors résumé dans son journal. Si ce constat correspondait à la réalité, alors pourquoi ne pas avoir donné au disque un nom collectif comme *Fichermont chante* ou *Les Dominicaines de Fichermont ?* D'autant que cela aurait répondu à la « déontologie » religieuse concernant le groupe. Face à cette situation inédite, il a même fallu édicter plusieurs principes : la novice ne devait pas être nommée, toute photographie devait la montrer uniquement de dos et jamais seule. Le plus ironique étant que cette contrainte a sans doute aussi contribué à son succès... De toute façon, cette consigne plutôt humiliante n'a pas dû être suivie à la lettre, car il existe évidemment des photos d'elle avec sa guitare datant de cette époque. Elle-même s'amuse de voir que *Paris-Match* en « a réussi deux ou trois ».

Mais ce n'est pas tout, car le nom de « Sœur Sourire » est la « propriété » des sœurs de Fichermont. Le 21 octobre 1961, un contrat est établi entre Philips et le monastère, puis « corrigé » pour ne concerner que la compagnie de disques et Jeannine Deckers. Mais cela relève d'une hypocrisie pure et simple, puisque la jeune femme entrée dans les ordres a par voie de conséquence prononcé ses vœux d'obéissance et de pauvreté. Le couvent est alors le seul décisionnaire et l'unique destinataire des royalties : soit 3 % des 90 % du prix de vente en gros en Belgique et de 1,5 % de ces mêmes 90 % dans les autres pays. La part du lion – et le mot est faible – revient de toute façon à Philips. La future Sœur Sourire a signé sans broncher. Pas question pour elle de protester, d'autant qu'elle est à mille lieux de pouvoir comprendre ce qui est alors en jeu.

Rendez-vous a été pris pour le 24 octobre 1961 dans les studios de Philips, rue d'Anderlecht, à Bruxelles. À cette date, dans *Le Soir*, les nouvelles se partagent entre la venue du jeune Charles Aznavour, un gang de voleurs de bestiaux « mis hors d'état de nuire » et, sur la page principale en gros titre, la menace de l'URSS qui « a fait exploser une superbombe nucléaire ». Autant dire qu'on est loin de l'univers d'une jeune religieuse qui s'apprête à enregistrer un disque. Un an et demi plus tôt, à peine arrivée au couvent, elle a commencé à « chanter la joie du Seigneur qui [lui] a révélé son Amour » et elle s'est mise à composer des chansons spontanément pour traduire sa foi. En mars 1960, elle a eu l'idée de sa toute première chanson qu'elle a intitulée *Alléluia* : « Pour la joie que Dieu me donne [...] Pour le salut que je lui dois », avec des mots simples et remplis d'une ferveur limpide, une musique à la fois entraînante et joyeuse. C'était une ballade célébrant l'allégresse, facile à reprendre en chœur et à partager dans un groupe.

« À la demande de jeunes venus en retraite, on enregistra une première série de chansons », rapporte-t-elle dans son journal. Apparemment, les sœurs voulaient utiliser de la musique enregistrée pour leurs missions à l'étranger, dans le style de ce qui se faisait à l'époque. Il existait déjà bon nombre d'albums de musique religieuse et même, depuis la fin des années 1950, une figure très populaire, le père Duval, qu'avait notamment évoqué Brassens dans *Les Trompettes de la renommée*. Surnommé d'ailleurs « le Brassens en soutane », le père Duval était un jésuite qui prêchait l'Évangile et, comme il l'a écrit dans une autobiographie publiée plus tardivement, allait devenir alcoolique. Un triste sort que Sœur Sourire rejoindrait à sa manière… Le premier disque du père Duval remonte à 1956 et a été vendu à plus d'un million d'exemplaires. *Seigneur mon ami* était l'un de ces airs accessibles aux vertus réconfortantes que le public pouvait s'approprier. Toujours en 1961 était sorti le film de Melville *Léon Morin, prêtre* avec Jean-Paul Belmondo dans le rôle-titre, tiré d'un prix Goncourt du début des années 1950, le roman éponyme d'une autre Belge, Béatrix Beck. Une histoire de conversion, mais plutôt due aux effets du physique avantageux de l'ecclésiastique...

Les versions autour des circonstances de l'enregistrement diffèrent quelque peu selon les témoignages. Les religieuses de Fichermont se seraient mises en contact avec l'abbé Zech, directeur de la nouvelle RTCB, afin de lui faire entendre leur protégée. La RTCB, ou Radiotélévision catholique belge, créée en 1958, avait succédé à la RTR, ou Radiotélévision religieuse, elle-même lancée en 1954. L'un des personnages clés de ce nouveau média est précisément l'abbé Zech qui va – en compagnie d'un autre – tenir les rênes de ces émissions pendant vingt-cinq ans. Non seulement son opinion était primordiale, mais son adhésion plus encore : véritable pivot entre l'Église et la diffusion télévisuelle, il pouvait contribuer au lancement de la jeune religieuse. Lui-même a relaté les événements un peu différemment, comme s'ils avaient plutôt été le fruit d'un hasard : il tournait à ce moment au couvent un « petit documentaire promotionnel » pour les émissions religieuses qu'il chapeautait et ce film aurait donc été « à la base de l'enregistrement du disque ». Dans quel sens cela s'est-il passé ? Qui a été vraiment à l'initiative du projet ? Les sœurs parce qu'elles voyaient ainsi la possibilité de récupérer de l'argent pour leurs projets missionnaires ? Ou l'abbé qui, intéressé par le talent de la nouvelle recrue, avait vu en elle une parfaite occasion de montrer l'évolution de l'Église ? Tout le monde semble alors pouvoir tirer son épingle du jeu, sauf la principale intéressée.

Ce qui est sûr, c'est que son essai en studio charme tous les techniciens. Sa bonne humeur et son entrain sont communicatifs. Une photo montre les religieuses qui entourent l'ingénieur du son, toutes apparemment fascinées, et lui semble s'amuser de leur présence. L'un des musiciens qui fait preuve du même état d'esprit, est ensuite affublé du surnom de *Paul Sourire.* Il faut imaginer sœur Luc-Gabriel mettant un casque sur ses oreilles et chantant dans un micro tandis qu'elle s'accompagne comme d'habitude à la guitare, un peu impressionnée, mais curieuse de ce qui lui était donné de voir. L'une des sœurs a raconté ensuite à un journaliste qu'elles s'étaient toutes réjouies de révéler un autre aspect de la vie religieuse et de sortir ainsi des clichés habituels d'un présupposé carcan qui étoufferait leurs individualités.

Comme la gamme des dispositions artistiques de la jeune novice s'étend aussi au dessin, il a évidemment été question qu'elle s'occupe de la pochette. Elle a donc soumis une aquarelle qu'elle avait peinte, mais son projet n'a pas été retenu, comme si à nouveau elle était évincée de son propre disque. L'ensemble s'est finalement résumé à la photo de la haute croix décorée de lunes que Matisse avait conçue pour la chapelle du Rosaire à Vence, inaugurée en 1951. Le peintre avait imaginé à la fois l'architecture et tous les détails de l'édifice, des vitraux aux bénitiers. Sur le 45 tours est donc inscrit le nom de Sœur Sourire, avec en bas en petits caractères : « dominicaine missionnaire du couvent de Fichermont ». Bref, la pochette est sobre et met efficacement en avant tous les codes religieux. En haut à gauche est apposé le sceau de la collection « Chants de lumière », ce qui souligne la finalité du disque. Quatre titres y figurent : *Fleur de cactus*, *Alléluia*, *Dominique* et *Résurrection*. Enfin, sur le verso, une photo montre le bras d'une religieuse ouvrant une porte sur laquelle figure en grandes lettres un extrait du psaume 94 : « Aujourd'hui, si vous entendez sa voix, gardez-vous d'endurcir vos cœurs. » Chantée au début des offices comme une invitation à la prière, cette exhortation vient de la règle de saint Benoît et signifie qu'il faut savoir écouter et être attentif. Suit un court texte qui reprend l'avertissement et se poursuit ainsi : « ... mais ouvrez-les plutôt à la fraîcheur, à la simplicité, à l'humour et à la poésie, à la foi joyeuse et sans problème qui éclairent les chansons de Sœur Sourire. » Il s'agit d'un message du directeur du Centre de pastorale liturgique, un certain R. P. Roguet, qui déclare être « en complet accord avec les supérieures du monastère des dominicaines de Fichermont » afin que soit garanti l'anonymat de la novice qui chante. Tout est donc parfaitement cadré, des explications sont fournies, tout comme est soulignée la nécessité du secret de la personne. Sous chaque chanson est précisé comme il se doit, entre parenthèses, le nom du compositeur – la mystérieuse Sœur Sourire, évidemment. Ce jeu entre le dire et le taire est d'ailleurs un excellent argument publicitaire qui va contribuer largement à accroître l'intérêt pour cette inconnue cachée. Avec ce psaume écrit sur la porte, le couvent fait montre d'un grand sens de la scénographie. Cela s'apparente à du marketing bien ficelé, avec explicitement une congrégation qui ne dédaigne pas de jouer son rôle : à l'image de cette porte à moitié ouverte, elle donne à voir, mais pas trop, ce qui ne peut qu'attiser les curiosités.

« Les gens sont timbrés. Parce que quelques retraitantes ont demandé à avoir sur disques quelques-unes de mes chansons, qu'on les a enregistrées et que je suis religieuse, c'est le gros succès », écrit-elle avec une pointe d'agacement dans son journal. Sait-elle même à quel point son disque marche ? Un bimestriel édité par le couvent, le *Fichermont-Missionnaire*, qu'elle a elle-même illustré, rapporte ceci : « De nombreux messages témoignent avec éloquence que les chansons de Sœur Sourire font vibrer des cordes sensibles, même chez les plus endurcis », ce qui est encore très édulcoré par rapport à la réalité. Quelques journalistes se glissent pour prendre des photos, mais cela dit encore assez peu de ce formidable accueil à l'extérieur, de l'engouement immédiat du public. La voix sans visage d'une nonne dont l'identité ne peut être révélée laisse le champ libre à toutes les suppositions. C'est un véritable tour de force, car de ce lieu fermé va s'engager et émerger une carrière qui sera internationale.

Beaucoup plus tard, Sœur Sourire s'est plainte de pas avoir été tenue au courant de ce qui se passait. Le cœur de la problématique bute toujours sur le même énoncé : était-ce elle la principale intéressée, auquel cas elle aurait dû être immédiatement avertie de ce qui la concernait, ou bien était-ce le couvent qui, la considérant seulement comme une partie de l'édifice, n'avait pas à la tenir informée plus précisément ? Ils sont d'ailleurs trois entités à tout gérer, la mère supérieure, l'avocat du couvent et la compagnie Philips. Sœur Sourire est leur produit plus qu'une personne à part entière. Toutefois, avec les lettres qui arrivaient en grand nombre, les journalistes qui surgissaient de partout... si elle n'en a pas eu connaissance, cela relève presque d'un choix délibéré de sa part.

Car, une fois apparue sur le marché et dès le début de l'année 1962, la chanson *Dominique* plaît immédiatement. Le roi Baudouin s'exclame même : « C'est une beauté ! » Et en un mois 40 000 exemplaires s'arrachent. Tout le monde reprend le refrain, et les paroles qui décrivent la vie du fondateur de l'ordre sont fredonnées par tous. Le dernier couplet :

Dominique, mon bon Père,
Garde-nous simples et gais
Pour annoncer à nos frères
La Vie et la Vérité

est assez révélateur de l'esprit de l'ensemble. Qu'elle ait eu l'idée de mettre en image le parcours du « routier pauvre et chantant » saint Dominique est sa façon à elle de comprendre et d'embrasser sa congrégation. Pétrie d'idéalisme, elle voit un modèle formidable dans cette communauté et en admire la simplicité comme le détachement souverain face à la matérialité. Malgré leur origine médiévale, il est vrai que les dominicains ont toujours témoigné d'une certaine volonté de modernité dans leurs actions, mettant en avant des valeurs fortes ainsi qu'une certaine liberté laissée à chacun pour mener son travail.

Tandis que *Alléluia* cadre parfaitement avec l'expression d'une foi joyeuse, la chanson *Fleur de cactus* est déjà plus personnelle et n'hésite pas à soulever quelques interrogations :

Fleur de Cactus, ma petite sœur,
Tu es choisie par le Seigneur
Pour fleurir en Sa maison...

La fleur de cactus symbolise celle qui vit les tentations de « déserter », de « renoncer » et de « s'évader », mais qui, heureusement, est rappelée à sa vocation dans le refrain.

Enfin, la chanson *Résurrection* est plus conforme, puisqu'elle imagine ce qui se passera lorsque tous les « Élus de la Terre » entreront dans le vrai pays qui leur a été promis. Ces quatre chansons ont un ton nouveau qu'une musique rythmée et enjouée vient soutenir.

« La voix de cristal a traversé l'Atlantique », titre un journal belge. C'est phénoménal ! En six mois, trois millions de disques ont été vendus, dont deux en Amérique. Quinze versions de *Dominique* sont lancées à l'étranger : en allemand, en russe, en coréen, en japonais, en grec... Elle est devenue la Suor Sorriso, la Hermana Sonrisa, la Soster Smil, the Singing Nun... Les journaux reflètent un certain étonnement et annoncent avec fierté : « Ces Belges que le monde entier connaît. » Elle-même réagit, encore ébahie : « Il paraît que Sœur Sourire fait fureur aux USA. Il y a de quoi faire sourire. Que les gens sont naïfs ! » Cette dénégation dépasse une simple modestie. Que dit-elle ainsi ? Qu'ils se trompent et qu'elle n'est pas ce que l'on veut faire croire ? Ou, plus concrètement, que tout ceci n'aurait jamais dû dépasser le seuil du monastère ? Il est vrai que la notion de succès non seulement est contraire à l'ascèse religieuse, mais jure étrangement avec ce qui est affirmé sur le « routier pauvre et chantant ». Sa protestation répond peut-être une fois de plus à l'éthique requise pour une nonne.

Diffusé le 17 juillet 1964 dans l'émission *7 jours du monde*, un documentaire montre Fichermont, les sœurs et la fameuse nonne chantante. Le commentateur signale que l'ordre n'est pas purement contemplatif et que chacune doit veiller à la bonne marche de la communauté. On les voit peindre des murs, bêcher le jardin, s'activer en cuisine, bref... mener une vie assez ordinaire. Sœur Sourire se montre disponible et accueillante ; elle reflète une certaine joie de vivre et ses réponses sont directes, réfléchies. « Je pense que les gens ont besoin d'authentique et des choses qu'on a vécues soi-même. » D'emblée, elle replace les religieuses au cœur de la vie ; pour elle, elles sont comme tout le monde. Une remarque est faite sur ses thèmes d'inspiration : « Dans vos chansons, vous passez du primesautier au grave. » Elle rétorque : « Oui, peut-être. Après l'écorce, il y a le noyau. » Enfin, sur la problématique de la célébrité, elle énonce simplement : « C'est un paradoxe sans solution. » À chaque instant, on la sent posée et surtout honnête et droite. Elle est à l'aise et manie parfaitement son discours qui surprend plutôt par sa vivacité. L'impression générale est celle d'une personne parfaitement en accord avec elle-même et le monde, rayonnante d'une sérénité intérieure.

Une photo d'elle datant de cette période la campe dans un univers à la Vermeer. Au sol des carreaux noirs et blancs traditionnels, une croisée diffuse une lumière oblique tandis qu'elle est assise, pensive, écrivant sur sa guitare couchée sur ses genoux, le profil presque caché par son grand voile qui retombe délicatement. Un instant d'inspiration saisi au vol... Mise en scène ou accord parfait ? À ce moment, elle n'est clairement pas tiraillée par de quelconques difficultés.

Tout semble alors s'engager dans une voie aisée. Elle confie à son journal qu'elle se réjouit surtout du message diffusé grâce à ses disques. D'après elle, les religieuses ont eu trop longtemps une réputation qui les faisait passer soit pour des attardées, soit pour des mystiques éloignées des réalités. « Non, elles ne sont pas retardataires ;

elles éditent même des disques », constate-t-elle. Elle continue en se félicitant que tout le bénéfice aille aux missions parrainées par sa communauté, ce qu'elle trouve tout à fait normal. Aux différentes étapes où elle prend conscience de l'intérêt phénoménal que suscite sa personne, la question pécuniaire n'intervient jamais. On ne peut donc absolument pas la soupçonner de calcul, de naïveté tout au plus. Mais qui aurait pu prévoir un tel succès ?

Car le déferlement continue. *Dominique, nique, nique* plaît à tous, même si la rime a de quoi surprendre. En Belgique, ce terme argotique est dépourvu de la connotation qu'il a en France – où le verbe vient du vocabulaire militaire après que celui-ci l'eut emprunté à l'arabe. Peut-être ce hasard malencontreux a-t-il également participé à l'attention particulière autour de sa personne ? Selon toute évidence, elle n'y a mis aucune malice, mais cette concordance était trop cocasse pour être voulue. Pour la version allemande, le refrain s'est imperceptiblement transformé en *Dominique, Dominique, Dominique ;* die Singende Nonne (la nonne chantante) a appris entretemps l'ambiguïté de sens de la consonance. Quoi qu'il en soit, sa chanson a gagné les cœurs, il n'y a plus une seule communion solennelle sans que le disque soit offert, ni de classe d'élèves qui parte en excursion sans entonner *Dominique, nique, nique* à tue-tête.

Et puis, une nouvelle incroyable arrive d'Amérique. En novembre 1963, Sœur Sourire fait son entrée au Billboard Hot 100. Créé en 1958, ce hit-parade permet de mesurer non seulement les meilleures ventes, mais aussi le nombre de passages à la radio ou dans les juke-boxes, bref il cerne la popularité d'un artiste sur une large échelle. Le tout premier à avoir été consacré était Ricky Nelson avec son *Poor Little Fool*, un chanteur de rock et de country beaucoup plus consensuel que son concurrent Elvis. En quatre semaines, la chanteuse belge se hisse de la soixante-quatrième à la dix-neuvième place, puis de la neuvième à la deuxième. Enfin, à partir du 7 décembre, son tube va être pendant quatre semaines numéro un. C'est aussi la première fois que la compagnie de disques Philips impose un artiste outre-Atlantique. Désormais, au Billboard, elle fera figure de *One-Hit Wonder*, l'une de ces comètes qui imposent un titre venu de nulle part et ne parviennent jamais à réitérer cette performance.

Pendant un mois, c'est la folie *nique, nique, nique*, repris par tous et partout. En janvier, le tube redescend doucement dans le classement, mais figure encore au palmarès. En 1964, il reçoit le Grammy Award de la meilleure chanson, catégorie gospel ou chant religieux. Dans les autres catégories sont consacrés Barbra Streisand, Peter, Paul and Mary (pour *Blowing in the Wind*), Bill Evans... Le voisinage a de quoi faire rêver. D'innombrables versions étrangères s'enchaînent alors d'un pays à l'autre.

Lors de la tragédie de l'assassinat du jeune président J. F. Kennedy qui a plongé tout le pays dans la stupeur le 22 novembre 1963, les chansons de the Singing Nun ont été jouées pendant la veillée mortuaire. Un signe de plus, s'il en fallait, que le public américain la connaît et l'apprécie.

Le triomphe américain se poursuit encore avec un événement resté presque unique dans l'histoire de la télévision. Ed Sullivan, le célébrissime animateur du show auquel il a donné son nom sur CBS, décide de se déplacer pour la filmer dans son couvent en Belgique. Pendant vingt-trois ans, entre 1948 et 1971, son émission a été diffusée chaque dimanche soir et a présenté les plus grands artistes de la période. Un rendez-vous invariable proposé par une personnalité très médiatique, réputée non seulement pour son aisance devant les caméras, mais aussi pour sa capacité à repérer les nouveaux talents, rendait l'ensemble extrêmement populaire. Des millions de foyers ont fidèlement regardé l'« Ed Sullivan Show », séduits et convaincus par sa sélection.

Au début, il était question que la star américaine fasse toute son émission en direct de Belgique avec ses autres invités. Finalement, après l'intervention d'une autorité religieuse, Ed Sullivan n'a pu tourner là-bas que la seule partie consacrée à Sœur Sourire en décembre 1964. Il a accepté toutes les contraintes, puis inséré ce qui avait été réalisé au couvent au sein du reste. Pour filmer, Ed Sullivan n'est pas venu seul, mais avec son équipe de tournage, pas moins d'une quarantaine de techniciens. On imagine aisément l'effet produit par l'irruption de tant de gens peu rompus à la bonne marche de cet univers farouchement clos. Assis face à « la nonne mondialement connue », ainsi qu'il la décrit avant de s'adresser à elle, Sullivan ne cherche jamais à la différencier de son univers religieux. De son côté, elle est tendue, attentive à bien faire, mais... pas du tout souriante. Pourtant, elle chante avec la même inspiration, la même voix fluide et paisible, entourée d'autres sœurs qui entonnent le refrain avec elle, dans l'esprit de partage habituel. Plus qu'elle, c'est sa communauté qui doit avoir la vedette. Comment Sœur Sourire s'est-elle sentie après cet épisode presque irréel, comme sorti de la manche d'un magicien ? A-t-elle mesuré un décalage entre ses sœurs et elle-même ? A-t-elle même entraperçu d'autres possibilités pour elle que les quatre murs de son couvent ? Il ne faut jamais oublier qu'elle se destinait aux missions et que Fichermont ne devait constituer qu'une étape sur un échiquier plus vaste qui l'aurait menée beaucoup plus loin, du moins comme elle se le représentait alors.

Des articles de presse belge n'hésitent pas à la mettre en concurrence avec le groupe à la mode du moment, les Beatles. Dans un papier, le journaliste se demande qui des deux l'emportera dans le cœur du public : la nonne aux chansons sages ou les garçons de Liverpool ? Une caricature assez piquante la montre avec son nez pointu qui semble s'élancer vers le ciel et de grosses lunettes. Comme le suggère ce dessin, avec ses yeux tournés vers le firmament, est-elle à l'écoute d'un appel divin ?

Mais ce n'est pas tout. En juin 1963, dans son journal publié, elle évoque un projet de film américain. « Réaliser un film sur mes huit premières chansons : film-fiction bien sûr qui n'aurait rien à voir avec la réalité de ma vie. Ce serait Debbie Reynolds qui assurerait mon rôle, je la plains... », persifle-t-elle. Les supérieures de Fichermont ont évidemment posé comme condition – et l'ont obtenue – qu'il n'y ait rien de biographique. Il n'a donc jamais été question de faire une histoire qui soit le reflet de sa vie, mais plutôt de la mettre en images à partir du contenu de sa musique, dont évidemment son tube absolu *Dominique*. C'est à la fois assez juste, puisque si peu d'elle a pu être montré, mais tout aussi aberrant dans la mesure où des émotions et des impressions qui ont conduit à l'élaboration de ses chansons vont une fois de plus se substituer à sa personne. Tout comme pour son pseudonyme, elle est dépossédée de sa propre vérité. La MGM produit alors *The Singing Nun* avec l'ancienne partenaire de Gene Kelly dans *Chantons sous la pluie*, Debbie Reynolds, qui a presque le même âge que la religieuse. Toutes les chansons proviennent bien des disques existants, sauf une nouvelle, rajoutée par les Américains. L'un des rares éléments qui fassent référence à un événement réel est la venue d'Ed

Sullivan au couvent. Pour le reste, l'histoire est d'une pauvreté affligeante. En dehors de quelques rares moments où elle joue un peu de musique, l'héroïne se dévoue totalement aux pauvres et s'occupe notamment d'un petit garçon qui s'appelle Dominique. Un jour, celui-ci se blesse sérieusement. Elle fait alors le serment d'abandonner la musique s'il parvient à guérir, alors même qu'un producteur s'intéresse à ce qu'elle compose. Évidemment, le gamin se remet et elle peut partir comme elle le souhaitait en mission en Afrique. L'intrigue est assez mince pour ne pas dire caricaturale, mais l'actrice américaine campe une sœur dynamique que rien ni personne ne peut arrêter.

« Entre plusieurs textes, Fichermont et moi-même, nous avons choisi le scénario le moins stupide ; dans les autres, il y avait des "perles" de la naïveté américaine. Il est certain que le public croira à une biographie, il fallait s'y attendre », note Sœur Sourire. Elle ira voir le film en septembre 1966 en compagnie de ses parents, et trouvera même les couleurs « grossières ». Le pire, comme on peut le constater dans certains témoignages, est que ce modèle hollywoodien va lui coller à la peau, les gens seront finalement déçus qu'elle ne ressemble pas à la vedette, ni physiquement ni mentalement. Ce qui aurait pu être le couronnement d'une vocation assumée et d'un engagement réussi entre le religieux et l'artistique ne fait que révéler les dissonances de son être. Elle y décèle d'ailleurs autre chose et pose avec une certaine acuité le problème de la vérité qui est en jeu. « On joue avec les personnes et leurs réputations comme avec les pâtes dentifrice ou les pâtes alimentaires... Pourvu que cela se vende, tout est permis », résume-t-elle avec un peu d'amertume.

Le seul point positif de ces années reste sans doute les différents projets et l'édition de plusieurs disques. Toujours avec le blanc-seing de l'Église, elle sort un recueil de quinze chansons chez Primavera en Belgique et Pares-Tutti en France. Sur les pochettes est inscrit le sésame ecclésiastique *« cum licentia ordinarii »*. Cette fois, ce sont ses dessins qui ornent la couverture, avec ce style un peu naïf et coloré, finalement assez graphique, qui la caractérise. Un autre 45 tours éveille cette fois pleinement son enthousiasme ; elle est heureuse de son travail et impatiente du résultat. Ses notes dans son journal attestent qu'elle est même très satisfaite de ce qu'elle a fait : « Jolie présentation et bon équilibre des chansons ; poésie, humour, adaptation à l'adolescence cafardeuse », écrit-elle. Elle est invitée à une émission de télévision religieuse flamande ; enfin, il semble que la règle de l'anonymat commence à céder devant le nombre de ses titres édités.

En réalité, la sœur Luc-Gabriel, alias Sœur Sourire, vit déjà une tout autre vie. Les images d'elle dans son environnement protégé et familier sont plus que dépassées. Après trois années de vie au couvent de Fichermont, ses supérieures ont décidé qu'il était temps pour elle de se tourner vers les études et l'ont inscrite à l'Université catholique de Louvain en sciences religieuses. Et la voilà sous son voile au milieu d'étudiants qui ne se doutent pas un seul instant qu'ils sont en compagnie de la célèbre Sœur Sourire. Un autre paradoxe pour celle qui clame avoir besoin d'une « solide nourriture spirituelle ».

3.

Un premier « tunnel difficile »

Qu'aurait été la vie de Sœur Sourire si elle n'avait pas commencé par une enfance complètement étouffée, engourdie entre la tristesse et une morne vie familiale ? La petite fille semble avoir été absente à elle-même, perdue dans un quotidien éteint qu'elle s'est empressée d'oublier, jusqu'à ce que ses souvenirs se soient rappelés à elle avec toute leur violence. Elle aura alors les plus grandes difficultés à se libérer de ce passé qu'elle avait cru mettre de côté.

Née le 17 octobre 1933, Jeanne-Paule Marie, dite Jeannine, est la fille de Lucien Deckers, pâtissier, âgé de trente ans à l'époque, et de Gabrielle Denis qui en compte alors vingt et un. La famille habite rue de Laeken à Woluwé-Saint-Lambert, à l'est de Bruxelles. Deux ans plus tard naît sa petite sœur Madeleine qui va partager pendant longtemps le même lit que son aînée. Car leur logement se réduit au minimum : une pièce commune où dort toute la famille, avec juste un rideau tendu pour séparer le lit des parents de celui des petites filles. Cette promiscuité laissera malheureusement quelques stigmates, en tout cas sur Jeannine. La répétition des protestations étouffées de sa mère qui repousse les assauts de son mari et que la gamine entend de l'autre côté de la tenture ne peut que s'apparenter à un acte brutal. Gabrielle Deckers ne manifeste de toute façon que répulsion pour le devoir conjugal qu'elle désigne comme « sale » et indigne. La petite grandit donc avec d'un côté une mère glaciale et critique qui reporte toute son énergie sur leur commerce et de l'autre un père faible qui, pour échapper au feu roulant des reproches de sa femme, se noie dans les vapeurs du vin. Le dimanche, il s'endort, ivre et hébété, dès la fin du repas de midi. Ce qui permet à sa femme de renchérir sur ses incapacités évidentes. Toutes ces frustrations sont le lot quotidien du foyer, où les seuls moments de douceurs sont liés aux sucreries confectionnées par le père. L'affection est complètement absente des rapports entre la mère et sa fille aînée, avec des affrontements qui deviennent vite leur seul mode d'échange. Gabrielle accuse Jeannine d'être un « garçon manqué » tout en marquant ostensiblement sa préférence pour l'un de ses cousins, son neveu Pierre.

Les souvenirs de Jeannine sur son enfance sont plus que ténus. Elle évoque les années de guerre avec « les perquisitions de l'armée occupante, les alertes, les bombardements ». Seul moment saillant, en 1944, l'année de sa communion solennelle. Apparemment, le père s'affaire autour d'un trafic de cartes d'identité pour la Résistance. A-t-il été l'acteur d'une vraie organisation, ou avait-il juste trouvé un moyen de se faire un peu d'argent ? Sa fille n'est pas revenue sur ce sujet qu'elle aurait pu facilement mettre en avant dans le récit de sa vie, soit parce qu'elle ne l'a pas vraiment su, soit parce que ce n'était pas si glorieux que cela. Ce père, si passif selon les récriminations de la mère, est pourtant celui qui enseigne à ses filles à faire du patin, du vélo et à nager.

Sa chaude présence,
Ô réjouissance,
M'est restée au cœur
Pour tous les jours de malheur,

écrira-t-elle plus tard dans une chanson. Mais quand il manifeste un peu de tendresse aux enfants, cela n'a pas l'heur de plaire à Gabrielle qui se débrouille pour les séparer.

La petite sœur n'est pas davantage présente. Jeannine l'a surnommée « Pauvre Madeleine », c'est tout dire ; mais cela répond aussi au schéma habituel entre les aînés et les cadets. Une fois devenues jeunes filles, elles connaîtront une forme de complicité quand elles sortiront ensemble et auront des amis communs. C'est néanmoins Jeannine, la meneuse, qui décide et entraîne à sa suite.

Tout semble voué à la seule cause de la pâtisserie. Puis la grand-mère Sophie, qui tient elle-même un négoce de traiteurs avec dix-sept employés, décide de confier au couple Deckers la partie du sucré. La nouvelle maison, « sans jardin ni fleurs, avec une cour intérieure », se trouve toujours à Wolutré Saint-Lambert, mais cette fois sur le parvis Saint-Henri, une place à partir de laquelle court une grande bâtisse de briques rouges, un institut austère destiné aux sourds, muets et aveugles. De la chambre qu'elle partage avec sa sœur, la petite fille peut distinguer la cour où vont et viennent les élèves handicapés surveillés par les religieuses. Tout paraît plus confortable dans leur nouvelle adresse qui offre malgré tout à peine plus de place. Au moins Jeannine et Madeleine ont-elles enfin chacune leur propre lit. « Enfant, c'est comme si je n'existais pas », a-t-elle écrit plus tard. Il faudra le travail de ses différentes thérapies pour extirper quelques souvenirs enfouis dans une pâte visiblement malheureuse. Quelques lignes enthousiastes soulignent pourtant le travail de son père, « pâtissier émérite » qui modèle « avec amour des roses en sucre pour décorer une glace de communion solennelle, ou des fruits en massepain ». Les problèmes de boulimie dont souffrira Jeannine plus tard ont fait resurgir ces traces gourmandes, associées à un semblant de tendresse paternelle, toujours bourrue et contenue.

« Rappelle-toi que tu es une fille de commerçants », l'enjoignait régulièrement sa mère. La petite était pourtant loin d'en être fière et a développé un complexe d'infériorité auprès de ses camarades issus de milieux libéraux et bourgeois. Le seul avantage qu'elle voit dans le métier de ses parents est la liberté que leur activité lui laisse. « Mes parents tout occupés à leur commerce me laissèrent fort indépendante. » À l'école, elle montre beaucoup d'intérêt pour le dessin et peut ainsi être prise chez les Sœurs de Sainte-Marie, une école catholique qui comporte une section d'arts décoratifs. Quand elle a quinze ans, sa mère propose de l'inscrire parallèlement chez les guides[1] de Belgique. La jeune fille, qui est alors très renfermée et timide, reçoit pour totem le nom d'« Ourson concentré », ce qui est révélateur de son côté introverti. Cette période marque le début d'une ouverture inespérée où vont s'offrir à elle la découverte du grand air et de valeurs humaines et spirituelles. Elle va apprendre à se comporter dans un groupe et sera vite appréciée pour son dynamisme et son respect des autres. Il est déjà fait mention de son humour, une arme dont elle se sert quand elle se sent particulièrement vulnérable. Patiemment, elle gravit toutes les marches du guidisme jusqu'à devenir cheftaine. À dix-sept ans, elle s'engage dans la Route, un mouvement de jeunes plus âgés[2]. Une fois de plus, les longues marches, les réunions et les conversations du week-end lui procurent de merveilleuses émotions et vont laisser chez elle une empreinte indélébile. « Un apport splendide et des souvenirs merveilleux »,

---

1. Le « guidisme » est la version au féminin du scoutisme.

2. La Route est destinée aux jeunes de plus de 17 ans. Ceux qui en font partie s'appellent les routiers.

souligne-t-elle dans son journal. Elle chante alors dans les chorales en faisant la troisième ou la quatrième voix. Pour animer les veillées, Jeannine fait ensuite l'acquisition de sa première guitare et s'essaie autour des feux de camp. Là encore, elle franchit de nouvelles étapes et, après avoir été promue monitrice, puis assistante de camp, elle devient directrice d'un centre de vacances d'été pour adolescentes de quatorze à dix-huit ans.

À la maison, de nouvelles tensions surviennent à propos des deux cousins qu'elle et sa sœur fréquentent. Ils se retrouvent fréquemment tous les quatre aux concerts des Jeunesses musicales de Bruxelles. De son côté, Gabrielle verrait d'un très bon œil que sa fille aînée se fiance avec l'un des deux. Sans doute suffit-il à Jeannine que sa mère insiste sur ce point pour la détourner d'un choix qu'elle aurait peut-être envisagé spontanément. Mais tout ce qui vient de la figure maternelle, tournée vers des intérêts très superficiels et uniquement pécuniaires, lui est insupportable.

À peine cette question est-elle écartée que revient sur le tapis la finalité des études qu'elle a entreprises. Après la fin de ses humanités [1], elle

---

1. Il n'y a pas d'examen qui corresponde au baccalauréat à proprement parler en Belgique. À la fin des études

avait envie de continuer le chemin de son cursus artistique, mais elle se heurte là encore à l'opinion catégorique de sa mère. Car Gabrielle lui fait savoir que cette option n'est pas envisageable et qu'elle doit envisager de gagner sa vie le plus rapidement possible. La solution passe par le « régendat[1] » d'art décoratif qui lui permettra de devenir professeur de dessin. Ce n'est évidemment pas ce qu'elle avait souhaité, mais une fois de plus elle est obligée de se conformer à la situation fixée. Elle qui rêvait tant d'autonomie peut se consoler avec la perspective de pouvoir quitter le foyer familial au plus vite.

En même temps, comme pour défier le cours des événements, elle s'inscrit en auditeur libre à L'Institut supérieur de la Cambre de Bruxelles où elle peut approfondir sa technique du dessin. Elle y suit les leçons d'un des grands représentants de la peinture surréaliste belge, Paul Delvaux, qui est

secondaires, suite à une évaluation permanente, un diplôme sanctionne ou non la fin des études appelées les Humanités. Un autre terme est celui du Certificat d'enseignement secondaire supérieur.

1. Le régendat permet de devenir professeur après un cycle de trois années d'études.

arrivé comme professeur trois ans plus tôt. Celui-ci a exprimé dans ses toiles un univers onirique hanté par des femmes dénudées, silhouettes mystérieuses qui évoluent dans un décor à la De Chirico. Six heures par semaine, Jeannine s'attelle donc, sous les yeux du maître, aux dessins de nus et découvre la « beauté de l'anatomie humaine ». Devant les modèles qui s'exhibent sans pudeur, la jeune femme s'avoue son trouble et se sent en décalage par rapport aux autres étudiants, comme renvoyée à son image de « catholique retardataire ». Afin de camoufler sa gêne, elle recourt à son arme habituelle et devance les plaisanteries de ses condisciples. Elle raconte de « bonnes blagues salées » et fait rire tout le monde. La préparation de son diplôme d'enseignante se passe à l'école des beaux-arts d'Etterbeek en cursus régulier. Elle sera reçue avec la simple mention « honorable » qui la déçoit quelque peu. Entre 1954 et 1956, elle exerce en tant que professeur de dessin auprès de l'institut Sainte-Anne à Gosselies, près de Bruxelles. Puis, de 1957 à 1959, elle se partage entre deux établissements à la fois, l'institut de la Vierge fidèle et l'institut Sainte-Marie à Bruxelles. Une expérience peu satisfaisante pour elle qui a toutes les difficultés du monde à contrôler ses classes. Sa discipline exige autorité et ordre, ce qu'elle a en horreur.

« Comme professeur de dessin en herbe, je me sentais inférieure et à part », reconnaît-elle. Le combat continuel avec sa mère semble l'avoir plus fragilisée qu'aguerrie et elle a beaucoup de mal à affirmer sa différence. Trop d'énergie passe dans les conflits familiaux incessants où les interventions réprobatrices de sa mère ne l'épargnent pas. C'est sans doute pour cela qu'elle a pris cette voie artistique, notamment pour échapper à l'image de « fille de commerçants » qui la heurtait tant. Son journal en rend compte *a contrario*, puisque tout ce qui concerne sa jeunesse et sa famille y est largement interprété et presque embelli. Sa propre sœur Madeleine se voit même affublée d'un autre prénom (« Catherine »), plus en harmonie avec l'idéal parental qu'elle recherche. Elle fait tout pour échapper à sa condition, refusant définitivement le penchant de sa mère pour l'élégance, son avidité à porter des « choses de dernier cri », en développant ce fameux anticonformisme. Le plus compliqué restant la confrontation entre les différents mondes qu'elle côtoie, entre l'atmosphère rêveuse et un peu sulfureuse de l'atelier de Delvaux, les cours de dessin « utilitaires » qu'elle donne et des conditions de vie qu'elle juge pénibles. À tout cela s'ajoute une grande peur dès qu'elle touche au domaine de l'introspection qui la fascine mais la déstabilise vite. Elle a ainsi prétendu avoir été déformée pendant ses études par un mauvais professeur de psychologie qui leur « infusait longuement les doctrines mal comprises de Freud » et qui insistait pour analyser sauvagement tout le monde.

Heureusement, il lui reste la période des vacances où elle peut s'enfuir de la maison et où elle s'occupe de colonies pour des adolescents. C'est ainsi qu'elle fera la connaissance de la très jeune Annie Pécher dont elle ne pouvait soupçonner alors qu'elle prendrait tant de place dans sa vie future. De là vient sans doute aussi leur goût commun pour les voyages estivaux qu'elles feront chaque année, privilégiant la nature. Au contact de ces jeunes, Jeannine peut se replacer dans une perspective où liberté et spontanéité semblent reprendre le dessus. En 1964, elle a noté dans son journal ce qu'elle pense à même de caractériser la jeunesse, cette force qu'elle cherche aussi de son côté dans l'espoir d'être entraînée plus au loin : « Croire à ce que l'on fait et le faire dans l'enthousiasme. Tuer en nous l'égoïsme pour trouver le chemin de l'autre, c'est cela vivre en adulte. » Mais Jeannine a-t-elle jamais été jeune ?

À vingt-six ans, et malgré l'exercice de sa profession, elle vit encore chez ses parents. Quand elle prend la décision d'entrer au couvent, cela semble correspondre à la fin d'une période de torpeur. Manifestement, elle n'a donné aucune explication à sa famille sur son départ. Elle ne reviendra chez elle que peu avant Noël, après ses trois premiers mois d'essai. Quand elle leur révèle enfin où elle était et ce qu'elle compte désormais faire, elle ne trouve face à elle qu'une incompréhension totale. L'une de ses vieilles tantes lui demande même si elle a un chagrin d'amour, ce qui, à ses yeux, pourrait au moins justifier son geste.

L'amour, oui, s'écrie Jeannine, effectivement, mais pas pour une personne, pour Dieu ! En fait, elle vient de trouver la parade absolue contre laquelle les foudres maternelles ne pourront avoir aucune prise. Dans un foyer catholique, qui plus est entièrement tourné vers une clientèle bien-pensante, comment critiquer cette vocation religieuse qui, normalement, aurait dû être ressentie comme une distinction suprême ? Mais Gabrielle a pu confusément entrevoir ce dont il s'agissait, un affront déguisé contre tout ce qu'elle représentait : elle, la femme tirée à quatre épingles, préoccupée de détails matériels et attentive à l'argent, n'avait pas réussi à diffuser à sa fille les mêmes valeurs.

Les différentes réponses de Sœur Sourire sur les raisons de son entrée au couvent sont finalement assez peu explicites. Elle en a évoqué les circonstances plutôt que donné les motifs profonds. Ses assertions répétées manifestent surtout une volonté de sens, d'autant que son environnement familial n'a guère été propice à la réflexion et à l'introspection. Il lui fallait trouver un modèle de vie différent que ce que le foyer parental avait pu lui montrer au quotidien : l'abrutissement dans le travail pour son père, face à la volonté matérialiste démesurée de sa mère. Aucune place pour des qualités autres que prosaïques et surtout pour toute expression individuelle.

« Pourquoi la vie religieuse ? Il me semblait que je manquais d'unité et que ma vie était dispersée », écrit-elle dans son journal publié. Entre quinze et dix-huit ans, elle aurait subi une « crise de foi profonde et douloureuse ». Tout semble alors la heurter et la faire souffrir. Un refuge semble possible dans la vie en communauté telle qu'elle l'expérimente dans le guidisme. Elle éprouve alors une sorte de prémonition où elle se voit religieuse, tout en reconnaissant que l'idée est plus que vague et « aussi loufoque que [s]on désir d'aller au Sahara ! » Avec sa sœur, elles sortent et passent des soirées à discuter avec deux jeunes garçons dont elles sont devenues proches. C'est aussi pendant cette période que la jeune Jeannine achète une guitare et commence à en jouer. L'un de leurs deux amis l'encourage et l'aide à s'exercer.

Et puis survient la découverte d'un livre qui la bouleverse et lui ouvre un pan inconnu d'une voie à suivre : *Les Grandes Amitiés* de Raïssa Maritain, un hymne au partage et à la révélation mystique datant de 1941. Née en Russie, la jeune femme avait croisé son futur mari, Jacques Maritain, sur les bancs de la Sorbonne à Paris. En quête d'une Vérité absolue et inaccessible, le jeune couple avait établi une sorte de pacte suprême qui devait les mener au bout d'un an à un suicide commun s'ils ne parvenaient pas à la Révélation. Deux rencontres furent alors décisives et les détournèrent de leur engagement fatidique : celle de Bergson dont ils suivirent, sur les conseils de leur ami Charles Péguy, les cours au Collège de France, ainsi que celle de Léon Bloy, dont le roman *La*

Femme pauvre, publié en 1897, leur fut un enseignement certain. Après avoir rejoint le catholicisme et s'être fait baptiser – elle était juive et lui protestant –, ils devinrent des passeurs éclairés, notamment de la philosophie de saint Thomas d'Aquin, en menant une vie chaste de prière et d'études. « Inondée d'amour », Raïssa a écrit de son côté des cantiques qu'elle a également mis en musique. Le modèle proposé par ce couple est extraordinairement révélateur des préoccupations de la future Sœur Sourire. La plupart des étapes de la vie des Maritain vont trouver un écho dans la sienne, de leurs interrogations à leur engagement : le partage de l'amitié avec une personne élue, la soif de Dieu et la paix immense procurée par l'inspiration de chants religieux tels que Raïssa les composait. François Mauriac disait à propos d'eux : « Chez eux, la connaissance tourne à l'amour ; l'ordre de l'esprit rejoint l'ordre de la charité, voilà le secret de tout. »

Jeune fille, Jeannine rêve d'appliquer cette référence idéale sur la relation dans sa nécessité vitale avec sa sœur et les deux jeunes hommes qu'elles fréquentent. « Avoir ensemble le souci des autres, être axés sur les autres et non sur nous-mêmes. Notre amitié doit être rayonnement et non complaisance, tous les quatre nous sommes responsables les uns des autres. » Et donc échapper à la trivialité du couple et aux définitions conventionnelles telles qu'elles se dressent devant elle. Malgré son enthousiasme, ce canevas de vie n'a pas dû correspondre tout à fait à leur quatuor ; en revanche, il va rester pour elle une référence qu'elle tentera de reprendre à sa manière. Il semble par ailleurs qu'une esquisse de rapprochement avec l'un des cousins soit venu bouleverser la belle ordonnance. Dans son premier journal, elle se rappelle sa réaction lorsque celui-ci lui a annoncé qu'il partait pour le Congo. Comme elle s'était attachée à lui, la nouvelle l'a plutôt secouée. Elle aurait peut-être pu le retenir si elle avait accepté que leur relation évolue plutôt que persisté à considérer le mariage sur un seul « mode abstrait, voire esthétique ». Dans son second journal, elle apparaît plus clairvoyante encore sur ce qu'elle a dressé elle-même comme barrières : « C'était une sorte d'amour-amitié non engagé qui craint l'au-delà de lui-même ; pour me prémunir contre Bernard, je lui avais confié que j'entrerais au couvent. » Vue sous cet angle, la religion constitue un refuge contre la peur que tout homme représente pour elle. Prise dans un flux contradictoire entre fascination et dégoût, elle s'abrite derrière un rôle extérieur et reste dans un éternel évitement. Si le masculin peut être ressenti comme attirant dans son expression, elle le canalise immédiatement d'une manière ou d'une autre afin de le contrôler. Ainsi, dans un tram, elle note que le conducteur a « une belle main fortement charpentée, solide et nerveuse, on sent qu'on pourrait s'y confier : viril absolu ? » Ce n'est qu'un détail et non une personne dans son entier qui l'a retenue un instant.

Dans une autre tentative d'auto-analyse, elle met surtout en avant la détestation de l'autorité de sa mère à laquelle elle a toujours cherché à échapper. Au fil des années, elle sent qu'elle peut de plus en plus difficilement supporter l'emprise maternelle et sait qu'elle doit s'en démarquer absolument. Sa mère est celle qui lui barre la route de ses curiosités, de ses intérêts, de ses désirs. Elle voit en elle la dureté, la froideur, mais aussi la cupidité et la vanité du paraître, bref tout ce qu'elle rejettera sa vie durant. Curieusement, pour la jeune fille qui a tant clamé avoir besoin d'indépendance, son choix va se porter sur un mode de vie niant complètement son désir profond de liberté. Elle va quitter la coupe haïe de sa mère pour tomber sous celle de mères supérieures. D'une certaine façon, elle s'est mise hors d'atteinte du monde, mais dans l'exaltation de partir, elle n'a peut-être pas vraiment mesuré à quel point son enfermement allait être réel.

Dernière explication suggérée, sa détermination à « faire le salut des gens », comme elle le formule, par le biais de la prière et ultérieurement sur le terrain dans des missions. Là encore, elle se place à la périphérie du monde, affirmant à la fois son recul et son détachement individuel.

Fréquemment, elle entrevoit ses propres contradictions et n'hésite pas à les dénoncer. Elle alternera ensuite les moments d'abattement et de combativité, constatant d'importantes variations dans sa manière d'être qu'elle aura du mal à contrôler. Quand elle décrète vouloir entrer au couvent, elle a déjà vingt-six ans. Il faut comprendre cet acte comme la manifestation d'un état d'esprit qui se rebelle plutôt que le contraire. L'expérience de travail, de vie comme les autres ne lui parlait pas, l'amour ainsi que le mariage l'effrayaient, il ne lui restait qu'une forme de sublimation.

Mais, pour autant, elle n'y va pas sereinement, sa décision de se rendre au couvent est teintée de provocation et même d'agacement. « Je partis en septembre 1959 pour Waterloo, de fort méchante humeur et bien résolue à éprouver celles que j'appelais les "nonnettes", à les faire enrager pour savoir si elles résisteraient ! [...] Pourtant, après trois semaines de cet étrange régime d'aspirante dans la vie dominicaine, je dus m'avouer vaincue. » Comme si sa motivation avait précisément eu besoin du moteur de la colère, plus fort que sa seule conviction. Dès le début, elle se voit comme un élément perturbateur, offensif et quelque peu cynique. Elle allait pourtant elle-même devenir l'une de ces « nonnettes », un mot infantilisant qui devait caractériser son attitude future. Et, dernier paradoxe, avant son entrée, elle raconte qu'elle a cherché à tout « tenter » de cette vie qu'elle s'apprêtait à quitter. « Prévoyant que tôt ou tard le Seigneur aurait la victoire et que je terminerais mes jours au couvent, je me décidai à jouir de toutes les expériences que m'offrait la vie. » Elle n'en dira rien de plus, il est douteux cependant qu'elle soit allée bien loin dans cette voie. Au moins a-t-elle voulu en avoir l'illusion. Cette approche de Dieu constitue pour elle le même rapport de force qu'elle a institué avec les gens. Quoi qu'elle fasse alors, Jeannine se situe dans une confrontation perpétuelle. L'issue peut lui être favorable ou peut la perdre, mais elle ne s'imagine pas dans un juste milieu.

Parmi d'autres lectures fétiches se trouve le livre *Le Père Serge* de Tolstoï. Dans ce roman, un prince devient moine, puis ermite sans jamais parvenir à se départir de son orgueil finalement toujours plus démesuré. C'est une désillusion amoureuse qui l'a amené à Dieu, à cette « foi de son enfance qui du reste ne s'était jamais éteinte en lui ». Mais il cherche toujours à être parfait, encore plus parfait qu'il n'est même envisageable, de façon à obtenir l'admiration de son entourage. Comme l'explique Tolstoï dans sa préface, le père Serge « se trouve pris dans un cercle où l'humilité même est une forme d'orgueil ». Et pourtant il est traversé par un vrai sentiment du religieux. La jeune Jeannine pouvait largement se reconnaître dans ce personnage qui se place au-dessus des autres, alors qu'elle est en quête d'un dépassement d'elle-même.

Afin de mener à bien son projet, elle s'accorde la « tournée des couvents » à la manière d'un « touriste critique », cherchant celui qui va pouvoir lui donner ce qu'elle recherche. Elle prend le temps d'observer, et son choix s'arrête sur le couvent de Fichermont qui se trouve dans le Brabant wallon, non loin de Waterloo. Pas de morne plaine dans ce lieu, n'en déplaise au poète, au contraire, un paysage plutôt fertile. Le poète avait renchéri avec une description emplie de tristesse pour décrire « ce plateau funèbre et solitaire ». Deux de ses vers pourraient d'ailleurs s'appliquer assez curieusement à la future Sœur Sourire :

Et cette plaine, hélas, où l'on rêve aujourd'hui,
Vit fuir ceux devant qui l'univers avait fui !

Tout comme elle n'a pas livré son secret sur sa vocation, elle ne donne pas de vraie raison sur ce choix de l'ordre dominicain. Il semble qu'il lui ait immédiatement plu et paru familier. « Saint Dominique, sa joie, sa simplicité et surtout son goût de la vérité m'enchantaient », se remémore-t-elle dans son journal. Elle aime aussi que l'habit soit blanc au lieu du sempiternel noir (seul le voile est sombre). Il a fallu en retour, afin d'être acceptée, qu'elle parvienne à convaincre les mères du sérieux de sa vocation. Celle qui est arrivée chargée d'une guitare, de carnets de chant, d'une table à dessin et même d'un panneau pour peindre les grands formats a dû « prouver », selon ses propres termes, qu'elle était bien une élue du Seigneur.

Une fois franchie la grille du monastère d'où se dessine un immense parc, l'entrée au couvent se traduit par un essai de trois mois pour la jeune novice. « Vu de l'extérieur, une immense bâtisse rouge construite plus ou moins en carré, deux ailes, celles de la chapelle et celle du réfectoire des sœurs étant plus longues ; au milieu, une petite cour avec un jardinet, entouré de colonnades, cela fait très monastique. » Elle est évidemment sensible à la disposition, ainsi qu'à l'harmonie du lieu qui correspond presque trait pour trait à l'idée qu'elle s'en était faite. Enfin, la chapelle la ravit par ses vitraux dont les couleurs ardentes de rouge et d'or murmurent d'autres accords. Ce qui la rassure est sans doute la sobriété de l'espace où règnent silence et prières. Derrière le réfectoire s'étendent un potager, un verger et des champs immenses. Tels de grands oiseaux un peu effarouchés, les religieuses vont et viennent en glissant sur le sol, chuchotant tout juste. À certains moments de la journée, elles se retrouvent pour différentes tâches et pour partager leurs repas. La communauté n'est pas contemplative et effectue, entre autres, divers travaux agricoles.

Entre ces nouveaux murs, elle semble tout d'abord apaisée. Tout dans son journal respire l'enthousiasme des premiers temps. Elle aurait pu être effrayée par le cadre pesant de toutes les règles édictées, mais apparemment a décidé au début de se mettre dans une attitude positive. Même sa cellule lui convient parfaitement, au moins dispose-t-elle d'un lieu à elle : « très simple, un plancher de bois blanc, une table, un lit fait d'une planche et d'une paillasse, un portemanteau, une cuvette et un broc pour la toilette ». C'est effectivement sommaire, mais elle s'y conforme. Elle se familiarise avec les offices, les prières, les longs couloirs, la liste de ce qui est admis, ce qui est interdit... Dans le groupe de novices, elle devient rapidement « chef de file » et n'hésite pas à « rouspéter sur des coutumes désuètes ou inadaptées au monde actuel » ; elle n'oublie pas d'ajouter qu'elle se fait « engueuler ». Elle rétablit donc très vite le schéma de résistance à l'autorité tel qu'elle le pratiquait avec sa mère.

Et puis, assez rapidement, elle se retrouve... en vacances. Tout le couvent est parti se reposer au bord de la mer à Wenduine que protègent ses dunes boisées. Le cadre est idyllique, elle décrit la maison avec ses cellules peintes en jaune, en terre de sienne brûlée et en blanc, ce qu'elle qualifie de moderne. Ici, elle rêve, joue de la guitare, compose et se sent extraordinairement bien. Il faut dire que les sœurs n'ont plus à suivre les horaires contraignants habituels.

Elle pense avoir trouvé sa voie et attend avec impatience de revêtir l'habit de l'ordre de saint Dominique. La vie semble se dérouler droite et paisible devant celle qui, de son plein gré, vit pleinement sa vocation. La porte s'est désormais refermée sur son aventure intérieure.

4.

« Une faim de Dieu »

Enfin arrive le grand jour, un certain mercredi 11 mai 1960, où Jeannine Deckers devient sœur Luc-Gabriel : Luc, prénom raccourci de son père (Lucien) et Gabriel, celui masculinisé de sa mère. Au premier abord, on pourrait penser qu'elle a voulu rendre un hommage à ses parents, mais la modification qu'elle a opérée montre qu'elle cherche à exercer un pouvoir sur eux. Ce qui est peut-être encore plus sûrement une autre manière de les tenir à distance. Par ailleurs, si l'on considère les patronymes des autres sœurs qui sont en majorité féminins, Jeannine a clairement décidé d'une nouvelle identité empruntée à l'autre sexe.

Ses parents n'ont pas prévu de se déplacer pour la cérémonie, pas question pour eux d'abandonner leur commerce en semaine. « En un sens, c'est mieux ainsi », affirme la novice dans son journal. En revanche, sa sœur ainsi que sa grand-mère sont venues ; cette dernière a apporté la dot obligatoire réclamée par le couvent qui se monte à environ 1 300 euros, une somme qui ne sera restituée qu'en cas de départ. C'est donc son aïeule qui lui permet matériellement ce passage dans sa nouvelle vie. Un geste qui laisse sa petite-fille apparemment indifférente, car elle n'y fera jamais allusion. Le moins que l'on puisse dire était qu'il s'agissait bien d'une marque d'intérêt, voire de confiance, de la part de sa grand-mère, car la jeune femme aurait très bien pu passer le restant de sa vie au couvent et ainsi ne jamais lui rendre ce qu'elle avait avancé. Mais son attitude dénote déjà une fâcheuse tendance à vouloir ignorer toute intrusion de la réalité. Ce qui d'une certaine manière préfigure ses problèmes à venir. « Et me voilà déambulant sous le grand costume blanc aux larges manches. Dieu qu'on y est à l'aise. Il n'y a que la coiffure qui gêne aux entournures », s'exclame-t-elle avec exaltation. De fait, dans toutes ses interviews filmées, on la voit souvent rejeter en arrière son long voile qui devait être assez lourd. Sa morgue et sa prétendue volonté de tester les résistances des autres nonnes ont vraisemblablement cédé devant les exigences du monastère. Elle peut commencer à apprendre ce que sont vraiment l'humilité, l'obéissance et chercher son propre regard intérieur sur elle-même. Deux figures tutélaires la surveillent, sœur Marie-Pierre, la première maîtresse des novices, et sœur Marie-Michèle, la seconde maîtresse. Elles sont là pour faire en sorte que la jeune femme trouve son chemin vers Dieu. De fait, celle-ci remplit des pages de louanges sur sa « lune de miel » avec le Seigneur, sur la joie qui est désormais la sienne. Seul bémol exprimé, ce qu'elle nomme l'« esprit de dépendance » qui lui pèse.

Ses supérieures ont repéré certains talents dans leur nouvelle recrue. Elle est alors chargée de tout l'aspect artistique : la maquette de leur journal *Fichermont-Missionnaire*, des affiches, des calendriers..., mais aussi de l'agencement d'une pièce afin que les retraitantes de passage puissent s'y retrouver agréablement entre elles. Elle décide des couleurs et installe un coin où toutes peuvent s'asseoir et discuter, tout en écoutant de la musique. Depuis le concile de Vatican II [1] souffle un vent nouveau et il est fortement conseillé de s'ouvrir

1. Le concile de Vatican II qui a eu lieu le 11 octobre 1962 veut manifester sa volonté de réforme et notamment une ouverture envers les autres religions.

au monde environnant. Sœur Luc-Gabriel est ravie et se met avec ardeur à la tâche. Elle anime également des veillées ou des messes avec sa guitare qu'elle a aussi fait entrer en religion et qui a été baptisée sœur Adèle.

Les avis divergent sur sa participation aux autres activités du groupe. Certaines ont prétendu qu'elle était exemptée de toutes les corvées pour pouvoir jouer de la musique et dessiner – ce qu'elle a raconté elle-même –, tandis que d'autres ont affirmé au contraire qu'elle était astreinte aux mêmes tâches. Officiellement, elle se garde bien de se plaindre et semble tout prendre alors comme un cadeau du ciel. En vérité, éplucher des pommes de terre ou bêcher le jardin lui apparaissait très éloigné de son engagement envers Dieu. Elle n'a pas cette capacité de soumission. Sœur Marie-Michèle a donné de son côté un certain nombre de comptes-rendus largement critiques du comportement de la novice.

Dès 1962 donc, la jeune sœur était devenue une star dont tout le monde entonnait le refrain. En très peu de temps, le battage autour de sa personne avait créé un engouement qui dépassait déjà le simple succès. Dans son journal, très peu est dit sur cette période sinon avec une certaine ironie sur tout « le bruit pour quelques chansonnettes »...

Pendant l'année 1963, sœur Luc-Gabriel confie à son journal ses pensées et ses désirs proches de ceux d'une amoureuse transie, pétrie de sentiments passionnés, désordonnés. « Ce que je voudrais ? Être saisie par le Christ, être dévorée d'amour pour le Christ [...] vivre transportée d'une joie dilatante et continuelle [...] Fais que le zèle de ta Maison me transporte. » Elle exulte et se projette dans un univers idéalisé et dématérialisé : « Je me veux, comme Tu voudras, irradiante de Ton Amour. » Tout son vocabulaire est empreint de sa passion.

Cependant, quelques difficultés commencent à se manifester au cours de l'été, elle se sent seule, rêve d'une oreille confidente ou d'une sœur amie avec laquelle elle pourrait partager ce qu'elle ressent. Mais le couvent ne tolère que les conversations en groupe et refuse toute relation qui pourrait trop rapprocher deux personnes, exprimant ainsi sa crainte d'attractions trop particulières. Sœur Luc-Gabriel qui rêve d'élévation, d'extase spirituelles se heurte sans cesse à ses propres limites. « Je chante ce que je veux croire. Seigneur, faites que je croie à ce que je chante ! » Quelques nuages assombrissent désormais son enthousiasme. Les mois suivants se passent comme si, désormais, elle était en attente de signes. Inquiète, elle s'adresse à Dieu avec des phrases emportées qui se font de plus en plus tourmentées et pressantes.

Puis, selon la règle dominicaine qui encourage les projets d'éducation, elle se retrouve la rentrée suivante en sciences religieuses à l'Université catholique de Louvain. Et comme perspective alléchante, à la fin de ses études, il est également question qu'elle parte au Chili en mission.

La voici donc en habit de religieuse au milieu d'étudiants en théologie ; elle partage pendant la semaine une maison dominicaine avec une autre sœur et toutes deux rentrent chaque week-end à Fichermont. Sœur Luc-Gabriel n'hésite pas à faire du stop, se persuadant que c'est aussi une manière de rentrer en contact avec les gens. Mais elle n'est pas aussi à l'aise qu'elle voudrait le croire, elle a trente et un ans, ce qui est plus élevé que l'âge moyen des étudiants. « Seigneur, j'ai peur des études. Ma tournure d'esprit fantaisiste et artistique peut-elle s'accommoder de la stricte logique de la science ? Le seul mot de transcendance évoque pour moi, Tu le sais, images et couleurs mais pour le professeur de philosophie, c'est bien autre chose ! C'est toute l'opulence de la pensée d'Aristote et je m'en fous... » Une fois de plus, il lui est presque impossible de se plier à la démarche imposée. Elle est rétive non pas tant à la philosophie qu'à ce qu'elle perçoit comme un exercice abstrait qui l'empêche de s'abandonner. Finalement, chaque fois qu'elle se retrouve cadrée, elle étouffe et se débat. La nouvelle étudiante ne brille pas par sa présence et sèche souvent les cours. À l'exception d'un certain Xavier qu'elle a rencontré et avec lequel s'instaure un semblant de relation amicale, elle ne fait aucun geste vers ceux qui l'entourent. Rebelle et fermée, elle participe peu aux débats animés des autres. Comme à son habitude, elle rêve et se tourne vers le Seigneur. La peur semble s'emparer d'elle de plus en plus souvent. « Mon Dieu, pourquoi m'avez-vous choisie, mon Dieu que voulez-vous que je fasse ? » Ses nombreuses limites l'effraient et l'assomment. Sans véritable surprise, elle échoue à ses examens. C'est évidemment un coup porté à son orgueil. D'autant qu'à l'extérieur ce qu'elle fait est hautement vanté par la presse. Deux mois après la rentrée de 1963, son enregistrement est désormais un tube international. Sœur Sourire est devenue quant à elle un concept, voire un mythe. Ainsi, un article dans *Le Patriote* explique qu'elle s'est décidée à reprendre des cours « qui comprennent entre autre l'étude de la bible et de la théologie » et que cela la passionne. Elle s'essaie à en expliquer le but : pour elle il est question « d'assurer une formation doctrinale indispensable aux religieuses si elles désirent remplir efficacement leur rôle actuel, qui de plus en plus, est de seconder le clergé ».

Une indiscrétion sur son identité finit par révéler qui elle est, ce qui est un choc pour la plupart de ses condisciples. Elle, Sœur Sourire, cette religieuse maussade et asociale ? Impossible, ses messages de fraternité et de joie radieuse ne collent pas avec la personne qu'ils ont sous les yeux au quotidien. Non seulement elle n'en retire aucune admiration, mais son malaise en est accentué. Avec Xavier comme avec Bernard, l'un des cousins qu'elle avait rencontré avec sa sœur s'est développée une certaine forme d'amitié, mais, selon ses dires ultérieurs, les personnalités assez faibles de ceux-ci ne pouvaient résister à son caractère dominant.

Son journal laisse de plus en plus filtrer son exaspération : « Seigneur, la vie commune, j'en ai marre et plus que marre, et sœur Anselme me casse les pieds. » Pendant les vacances d'été, elle repart à Fichermont où elle tente tant bien que mal de réviser pour la session de septembre. Cette fois, elle va réussir et pouvoir passer en deuxième année, mais son entrain n'est plus le même que l'année précédente. Quelques exclamations désenchantées apparaissent au fil du journal, avec encore des moments de grâce, mais de plus en plus rares. Solitude, souffrance et doute sont devenus son lot commun. Elle ne voit que trop bien ce qu'elle devrait être et qu'elle ne parvient pas à devenir : « Seigneur, je voudrais être enfouie dans ta volonté et je ne le suis pas ; je voudrais être charité vibrante et je ne le suis pas... je voudrais vivre portée par la joie exaltante de la foi et je suis sceptique et pessimiste. » Ces constats la terrassent et ne laissent passer aucune lumière, *a fortiori* rien du monde qu'elle rêvait et ambitionnait de servir. Elle se sent enfermée dans un bocal dont le couvercle aurait été vissé, se cognant sans cesse aux parois. Pour désigner le confessionnal, elle emprunte ce terme éloquent de la « souricière hebdomadaire », qui laisse entrevoir ce même sentiment d'isolement. Il lui semble parfois qu'elle devrait juste rester dans un coin et ne plus rien manifester. Puis, un jour plus tard, au contraire, elle se dit que le monde lui appartient. Partagée entre ces deux attitudes, elle constate : « Comment oserais-je diffuser Ta bonne nouvelle quand j'y crois si mal et que j'en vis si peu » ?

Son scepticisme a fini par éclater. Parallèlement elle souffre de migraines et de maux de tête quasi journaliers. Un médecin l'examine mais ne trouve rien : seul conseil, celui de faire du sport, de sortir et de ne pas rester inactive. En prévision de son départ pour des pays lointains en mission, elle s'était déjà inscrite à des cours d'arts martiaux. Avec sœur Claire-Dominique, elle pratique le jujitsu au Sportkot. Parfois, elle s'inquiète de la brutalité des prises qui les terrassent, elle et sa consœur. Mais elle s'amuse tout autant à observer dans le regard des autres judokas la surprise de voir les deux nonnes s'entraîner auprès d'eux. Au moins les deux femmes ne s'avouent-elles pas vaincues et suivent-elles régulièrement leur cours hebdomadaires.

En novembre 1964, elle est à bout : « Cette fois, mon Dieu, j'en ai assez. Fichez-moi la paix. J'en ai assez de ces bagarres, de ces trêves, de ces luttes et de ces échecs. Laissez-moi dans ma crasse et mon fumier. Vous voyez bien que tout rate toujours, que tout est inutile, que je suis incapable... Je me suis fait des illusions ; c'est pénible... vous savez bien que je peux maquiller les situations et jouer pour les autres le jeu de la “religieuse épanouie et dynamique”. Mon Dieu, laissez-moi couler, laissez-moi tranquille. » Les images sont dures et renvoient à une représentation de sa propre insignifiance, sans répit possible.

Il lui reste peu d'espoir. Cela fait cinq années qu'elle est entrée au couvent, sa vie lui semble affreusement loin de la grâce et de la ferveur tant chantées. Entre ce que le public perçoit de Sœur Sourire et ce qu'elle est vraiment, le fossé est énorme. Plus son succès augmente, plus elle s'éloigne de ce monde de fraternité et de partage dont elle rêve tant. Et pourtant, comme elle le fera encore souvent, procédant à l'exact opposé de ce qu'elle devrait faire, elle renouvelle ses vœux pour trois années supplémentaires.

C'est à cette période qu'elle retrouve une jeune fille rencontrée dans son ancienne vie. Elle l'appelle Bénédicte. Très peu est dit dans son journal, mais l'humeur de sœur Luc-Gabriel paraît soudainement plus sereine. Elle semble avoir retrouvé son courage. À la fin de l'année scolaire, en juin, on lui offre en outre la possibilité de suivre un autre enseignement, celui du Cetedi, le Centre des techniques de diffusion, qui se trouve également à Louvain. Au sein des études en sciences politiques et sociales, la section journalisme vient de se doter de nouvelles matières allant des relations publiques à l'approche de l'audiovisuel. La rentrée a lieu en septembre 1965. Est-ce elle qui y a pensé, ou bien les mères supérieures ? En tout cas, elles se sont mises d'accord sur cette nouvelle direction à prendre. L'idée d'apprendre à maîtriser davantage un outil qui peut lui servir en tant que Sœur Sourire est évidemment mise en avant et apparaît pleine de bon sens. « Il me semble que la "diffusion" au sens large du mot est destinée à ma personnalité depuis longtemps, car elle répond à un besoin foncier d'expression et de don de soi. » Le programme est très chargé, touchant à la fois à la radio, à la télévision, la presse, la photo, la chanson, et même à la psychologie des médias… Tout cela s'accorde, d'après elle, beaucoup plus à ses aspirations. Beaucoup plus que les sciences religieuses qu'elle n'est décidément pas parvenue à dompter. À ses examens de deuxième année, elle n'a pas réussi à passer la barre et a encore échoué.

Mais son élan ne dure pas, elle reproduit au Cetedi le même schéma qu'à l'université. Elle n'assiste que très peu aux cours. L'un de ses professeurs s'est souvenu d'elle, de sa candeur, de sa timidité et de ses découragements rapides. Elle ne se liait pas aux autres et portait des jugements sévères sur presque tout le monde. Ses camarades lui avaient manifesté au début beaucoup d'intérêt, ce à quoi elle n'avait pas répondu de manière équivalente. Bref, c'était perdu d'avance pour cette jeune femme qui avait l'air si malheureux. Déjà s'est engagée l'éternelle lutte entre son désir premier et l'anxiété qui est suivie par une conduite d'échec. Un scénario répétitif et invariable.

Pour compléter ses études, elle suit également des cours de diction une fois par semaine, le soir. C'est encore une affirmation de la nécessité qu'elle éprouve de lier connaissance avec les autres de la façon la plus naturelle qui soit.

Son journal comporte toujours autant d'appels à Dieu : « J'ai faim de Toi, je Te désire passionnément, mais je ne peux rien et ne suis rien sans Toi », ou un peu plus tard : « Désire-moi afin que je Te désire ; étreins-moi afin que je Te cherche », « Que Tu es l'Amour, Seigneur ! mon cœur est à Toi. Tu es ma respiration, mon souffle. » Ses prières vibrantes résonnent comme autant de conjurations stériles : elle voudrait tellement se satisfaire de ce qu'elle vit mais n'y parvient pas. Des distractions lui sont alors proposées ; avec le couvent, elle se rend ainsi à Paris où elle visite

Notre-Dame, le palais de Chaillot et le musée Rodin. Elle va au cinéma voir Pasolini, et elle se rend avec d'autres sœurs à la piscine. « Ô prestige de Sœur Sourire en maillot... les gens sont-ils idiots, Seigneur ! » s'écrie-t-elle avec son humour de plus en plus sarcastique. La voici en butte à l'un de ses écueils permanents, elle qui ne rêve que d'aller vers l'Autre se braque dès que les regards sont posés sur elle.

Seule l'amitié de Bénédicte, avec laquelle elle a entamé une correspondance, lui permet de surmonter ses craintes. Bénédicte est en fait le nom de code dans son journal pour Annie Pécher. Elle a vingt et un ans et elles se sont connues quand elle n'était ni sœur Luc-Gabriel ni Sœur Sourire, mais directrice d'un camp de vacances pour l'AEP, l'Amicale des enfants de prisonniers. Annie était la fille unique d'un ancien prisonnier de guerre et avait alors seize ans. L'adolescente sombre et timide s'était ouverte à son aînée, Jeannine, qu'elle admirait déjà avec toute la force de ses jeunes années. Ce n'est que beaucoup plus tard qu'elle a repris contact avec elle, stupéfaite de voir ce qu'était devenue Jeannine. Instantanément, celle-ci se ranime sous le regard transporté de la jeune femme. « Merveille que deux êtres en dialogue consenti, rejoignant spirituellem[illegible] l'Autre dans l'autre, l'Être dans l'être, en filigrane », s'exclame-t-elle.

« Mon Dieu, je n'en puis plus. Quand donc viendras-Tu ? [...] je ne suis même pas digne de tout cela... m'étourdir... et si tout cela n'était qu'une vaste illusion ? » écrivait-elle pourtant en 1964. Les doutes sur sa vocation ont resurgi et ses réponses tendent toujours vers la fuite. Celle qu'elle a amorcée un jour en quittant le foyer familial et qui la rattrape de plus en plus vite. Elle qui voudrait tant accepter pleinement ce qui se présente à elle ne voit rien qui endigue son désarroi et se retrouve en porte-à-faux. L'arrivée d'Annie dans sa vie l'encourage à prendre une nouvelle direction, qu'elle n'aurait probablement jamais osé affronter seule. Car toute sa problématique tourne autour de sa légitimité ; sans remettre en cause l'esprit dominicain, elle se sent trop éloignée du monde et surtout maintenue dans un « système de dépendance qu'[elle] juge infantile ».

Avec ce lien affectif qui se tisse entre elles, Jeannine a l'impression de replonger au cœur de la vie : aller à la piscine, au cinéma lui permet de s'oublier. Bien sûr, ce n'est pas nouveau, elle a déjà cherché à s'inscrire en tant que religieuse dans une réalité quotidienne. Mais la présence d'Annie lui donne le regard qui lui manquait, elle a moins besoin de s'évertuer à débusquer le sens profond de toute chose. La jeune femme l'écoute patiemment, lui donne le sentiment qu'elle la comprend et l'encourage à cerner en elle ce qui lui est si difficile à appréhender. Elles échafaudent à deux ce que pourrait être une vie de vrai partage et d'amitié. Alors lentement éclôt en Jeannine l'intuition que ce n'est pas sa vocation religieuse qui est en cause, mais sa façon de l'exprimer. Elle cherche, tourne, s'interroge sans cesse sur elle-même. Le plus étonnant dans son journal, qui sera publié ensuite, reste très certainement que, malgré le crible de la censure, la lecture des sœurs, tant de passages n'aient pas été supprimés : « Je préfère être déboussolée, déroutée, bousculée, remise en question plutôt que de me traîner de jour en jour dans une foi confortable. » Et tant d'autres témoignages de son trouble qu'elle ne cesse ainsi d'égrener... Enfin, après de nombreux tâtonnements, elle semble trouver un biais qui lui permettrait d'envisager un compromis parfait entre sa vocation religieuse et le monde extérieur auquel elle aspire. Elle pense qu'elle peut s'orienter vers le Tiers ordre dominicain, devenir tertiaire, c'est-à-dire laïque tout en servant Dieu, ainsi qu'il est possible de le faire. De la sorte, elle garderait ce qui lui est cher, mais s'extirperait de la pesanteur de son rôle de sœur en habit.

En attendant, les seuls moments de lumière sont ceux où elle évoque sa relation avec Annie. Elle a peur devant ce qui l'attend, hésite, mais sent à quel point ce qui se passe en elle la libère de son fardeau. Ses sentiments pour Annie sont réels, mais empreints d'un redoutable interdit ; de plus, il lui faut quitter un monde volontairement choisi voici quelques années. Elle sait que le combat ne sera pas facile.

« Seigneur, que je ne fasse pas écran à ton amour », s'écriait-elle avant une visite de la jeune femme, traduisant ainsi son fol espoir de parvenir au cœur d'une relation si ardemment souhaitée. Toutes les deux ont apparemment trouvé une manière de se rejoindre au-delà de la parole, elles prient ensemble et s'en trouvent apaisées. Jeannine considère même que leur réunion d'esprit est le plus sûr chemin vers les autres.

Début 1966, Annie, qui s'est sérieusement blessée, se retrouve dans une clinique de Louvain, « suite à un accident du travail qui s'est soldé par une section de tendons du bras droit et une plaie ouverte jusqu'à l'os ; cela a nécessité une intervention chirurgicale importante », explique sœur

Luc-Gabriel qui lui rend visite. Elle se dit d'ailleurs indignée par des soins qui sont en fonction avant tout de la situation financière du patient, Annie rentrant vraisemblablement dans ce cas de figure ; le personnel médical, d'après elle, n'éprouve aucun respect face à la souffrance. Elle qui voudrait justement tendre la main aux gens qui sont dans la détresse... Mais la vérité est tout autre, Annie n'a pas été la victime d'un accident mais a fait une tentative de suicide. Cela correspond au moment où elles sont en train de se rapprocher toutes les deux, avec les conséquences qui sont en train de se dessiner aux yeux de tous : la liaison coupable de deux femmes. La propre mère d'Annie a confirmé plus tard cette hypothèse, indiquant qu'elle ne connaissait pas la raison exacte de ce geste, mais qu'elle pensait que sa fille voulait mettre Sœur Sourire « sous pression pour sortir du couvent ». La description neutre du journal est une preuve supplémentaire – s'il en fallait – de la prudence que la jeune femme mettait dans ses écrits. Son soin à changer les noms et à édulcorer certains événements témoigne du contrôle sévère exercé par les sœurs.

Depuis son entrée au couvent, l'enthousiasme et la conviction d'avoir fait un bon choix n'auront pas excédé trois années. Dès 1963, ses doutes commencent à voir le jour. Chaque mois qui passe la voit un peu plus désemparée, en proie à ses tâtonnements intérieurs et à une profonde solitude. Sa foi n'est pas en cause mais bien plutôt son environnement avec ses principes et sa froideur. Le succès extérieur de Sœur Sourire n'y est pas pour grand-chose ; le destin de cette personne fabriquée lui est longtemps resté étranger. En revanche, sœur Luc-Gabriel attendait une révélation, un aboutissement de son idéal et n'a trouvé que son propre silence face à un désert affectif. Seule l'irruption d'Annie lui a tempéré quelque peu son désarroi et lui a laissé espérer un avenir meilleur.

Tout va se dérouler très vite quand la mère supérieure lui propose de suivre des cours d'espagnol à Strasbourg pendant un mois d'été, en vue d'un départ éventuel pour une mission en Amérique du Sud. Acculée, elle refuse et finit par demander un an de réflexion. Accepter un nouveau cursus signifierait qu'elle continue sur le même chemin alors qu'elle a décidé de rompre avec Fichermont. Curieusement, ce sera l'avocat du couvent qui va, à sa manière, formuler ses projets : « Au fond, vous désirez vivre les nouvelles tendances du concile ; une présence au milieu du monde », lui dit-il mettant le doigt sur sa volonté d'être de nouveau au sein des autres. Elle a compris qu'il lui faut s'arracher du couvent et se remettre dans la vie ; elle veut juste ne pas abandonner son bagage de dominicaine.

Tandis qu'elle est ouvertement entrée en conflit avec Fichermont, elle commence à chercher un appartement pour vivre avec Annie. Le compte à rebours est entamé, elle ne reculera plus. Elle a trente-trois ans et c'est sa première vraie tentative d'indépendance ; elle n'a pas encore réalisé qu'elle met fin à plus de choses qu'elle ne le croit.

Elle qui a toujours chanté le cheminement trouve là une occasion de concrétiser ce qu'elle a souvent mis en images dans sa musique :

Avec Toi je veux partir toute la vie
Sur les routes du monde entier,

disait *Avec Toi*. Ou :

Et vers Lui je m'avance
Des chansons plein mon cœur.
J'ai trouvé sur ma route
Une fleur ensoleillée
Qui a mis en déroute
Les peurs désespérées,

continuait *Une Fleur*. La symbolique de l'avancée a toujours joué un grand rôle chez elle, ce qui correspondait à la période heureuse de ses expériences avec la Route.

Le couvent lui fait subir une très grande pression, évoquant bien sûr le scandale qui rejaillirait sur elles toutes, à commencer par elle, la principale intéressée. Son attitude pouvait d'ailleurs paraître illogique, pour ne pas dire contradictoire. Car ne venait-elle pas de se réengager, l'année précédente, pour une période supplémentaire de trois ans ? Vu l'impact sur le public qu'avait provoqué Sœur Sourire, comment justifier le retour à la vie civile de celle qui était l'emblème réussi de leur confrérie : une religieuse dans l'air du temps qui fédérait des milliers de personnes grâce à ses chansons célébrant la foi et la joie ? À cela s'ajoutait évidemment – et c'est loin d'être un détail – la manne extraordinaire que son travail rapportait. Il n'est pas interdit d'imaginer les conversations houleuses qu'elle a dû affronter, toujours dans le souci de temporiser ou surtout de ne pas susciter plus de problèmes. Elle évoque elle-même le « bain de feu et de sang » dans lequel elle a été plongée.

D'une certaine façon, son audace s'apparente à celle dont elle a fait preuve quand elle a choisi de devenir moniale. Là aussi, elle a dû forcer son chemin, contre sa famille, voire ses amis, ensuite contre le couvent lui-même auquel elle a dû prouver qu'elle était suffisamment déterminée. Cette fois, elle pense avoir trouvé un moyen terme entre sa vocation première et le retour dans la vie civile. Sa sortie a un nom. Il s'agit, selon le droit canonique, d'une « exclaustration », son départ « hors les murs » pouvant être temporaire ou définitif, cela reste à définir entre les protagonistes. Mais elle devra payer. Premier couperet : il lui est interdit de continuer de porter le nom de Sœur Sourire, y compris toutes ses déclinaisons dans différentes langues, comme tout ce qui pourrait avoir un rapport trop évident avec sa qualité de religieuse. Si elle a largement revu et corrigé sa position ultérieurement, déclarant qu'elle avait eu tort de se laisser faire puisque cela avait porté un coup fatal à sa carrière, à ce moment-là elle ne voit aucune raison de refuser cette demande. Elle veut surtout éviter le conflit ouvert avec Fichermont et pense que sa soumission sera le garant de sa tranquillité à venir. Elle est préoccupée par d'autres problèmes privés et assez peu par sa carrière de chanteuse. « Je ferai bientôt mes adieux à la communauté, écrit-elle, le temps est bleu et serein, comme je l'aime. Allégresse de mes décisions. Je suis heureuse. » Les moments heureux sont suffisamment rares sous sa plume pour être notés.

Elle a trouvé un appartement à Louvain au cinquième étage d'un immeuble où elle va pouvoir se réfugier avec Annie et commencer une nouvelle vie. Le nid de merle qu'elle aperçoit de sa fenêtre l'intéresse plus que les sordides tractations financières auxquelles elle doit se plier. Tout est à reconstruire, une nouvelle vie l'attend, qu'elle ne peut pas encore imaginer : elle le peut d'autant moins que sa position est assez inédite. Mais ses espoirs ne vont pas durer longtemps...

« Il y a eu les démarches nerveusement épuisantes, les rapports avec l'évêché, les adieux à Fichermont, etc. Le 4 juillet, à l'issue de la messe de 11 h 30, célébrée à mes intentions, j'ai quitté mes sœurs ; embrassade générale affectueuse et promesse de se revoir ou de s'écrire. » Elle n'a pas encore conscience de la duperie exercée à son encontre en ce qui concerne ses droits. Le contrat conclu en 1961 entre la compagnie Philips et le couvent ne la faisait pas figurer en tant que personne physique ou morale. Un nouveau document établi en 1966 résilie le premier et désigne comme interlocuteur l'avocat du couvent, réputé percevoir les droits d'auteur versés à son intention, le temps qu'elle en choisisse un autre. Ce qu'elle ne fait manifestement pas. Par la suite, elle a également déclaré qu'elle avait été « forcée » de le prendre, lui, et a contesté ce « choix ». Il est évident qu'elle a été manipulée, même si elle n'en a parlé que des années plus tard. Elle a alors évoqué les « dessous peu reluisants » de toute cette affaire dont les religieuses tiraient profit : « Cependant, autre précaution méditée soigneusement par mes supérieures, je devais signer mes déclarations d'impôts, ce qui veut dire que pour le fisc, laïc, c'est moi qui étais payée ; ne tenant pas compte des mille et une subtilités du droit canonique, le fisc a toujours en tête que je possédais réellement les sommes amenées par mes chansons. » Cette phrase induit donc très clairement que les mères supérieures se servaient habilement d'elle sans qu'elle ne le comprenne : alors qu'elle ne faisait qu'obéir, elle redevenait pour le fisc une personne civile qui attestait avoir perçu de l'argent. Quand elle a débusqué la manœuvre, il était beaucoup trop tard.

Sœur Sourire, c'était elle, mais pas sans son voile ; son visage nu ne pouvait être identifié. Dans une émission télévisée, à la fin de l'année 1966, elle affirme que tout cela relève du « passé », qui correspondrait à « une certaine enfance » de sa vie. Il y a chez une elle une volonté de faire table rase de ce qui est derrière elle et un désir d'aller vers l'avant. Pour se situer toutefois aux yeux du public, il lui faut être encore l'ex-Sœur Sourire. Mais elle répète qu'elle s'est toujours étonnée du succès de *Dominique*, qu'elle avait fait ce « machin » pour le plaisir uniquement.

Néanmoins, au début de sa nouvelle vie, tout ne se présente pas trop mal ; elle est approchée par la maison de disques Hebra dont le directeur, Jean Darlier, a été à la tête de la Sabam, la société belge des droits d'auteur. Ils vont ensemble réaliser des disques pour catéchèse. Entre-temps, elle propose plusieurs chansons à Philips, tout en sachant qu'il lui faut un autre nom. Ce sera Luc Dominique : Luc en rapport avec son ancien nom de sœur et parce que c'est le patron des artistes, Dominique parce que cela résonne comme un rappel de son grand succès. Comme son patronyme de religieuse, Luc Dominique est encore un nom masculin. Comment le public va-t-il désormais la percevoir ? Elle va choisir l'offensive et commencer par une chanson très directe intitulée Luc Dominique :

Sœur Sourire

Elle est morte Sœur Sourire
Elle est morte, il était temps
J'ai vu voler son âme
À travers les nuages
Sur un tapis volant

Messieurs les journalistes et messieurs les disquaires
Sans doute feront critique, comprendront de travers
Mais que St Dominique veuille leur pardonner
Toutes les rumeurs publiques qu'ils auraient diffusées
[...]
Il est certain sourire qu'il faut démystifier,
Portrait un peu rapide, portrait inachevé
[...]
La race des photographes qui ne connaissent que mon dos
S'essoufflent à la chasse de mon incognito
[...]
Je réclame de mes frères le droit d'évoluer,
De vivre solidaire, parmi eux, consacrée
[...]

De son côté, le couvent se manifeste à sa façon et fait passer un communiqué à Philips qui le publie. Il s'agit d'une mise au point sur sa situation : « Aussi va-t-elle, en plein accord avec ses supérieures, s'insérer dans le monde qu'elle désire contacter de plus près. Elle le fera au titre de consacrée sous forme de *laïque-dominicaine en plein monde*, particulièrement dans les milieux culturels et artistiques... » Suit l'annonce de la parution du nouveau disque qui, « vu l'évolution de l'auteur et à la demande des autorités religieuses, ne portera plus le nom un peu trop ingénu de Sœur Sourire dont fut baptisée la novice chantante ». Tout est désormais sur la place publique, ce qui ne dupera sans doute personne. La future ex-Sœur Sourire parlait de « chasse à (son) incognito », elle ne croyait pas si bien dire...

5.

« Une faim du monde »

En attendant, la nouvelle Jeannine part en vacances avec Annie en Autriche où elles se reposent, heureuses d'être loin et à l'abri. « Suis-je dans la bonne direction ? » s'interroge-t-elle encore. Elle avoue aussi que, sans la présence rassurante et aimante de son amie, elle n'aurait plus eu envie de vivre. C'est la première fois dans son journal qu'apparaît une telle déclaration. L'idée l'a effleurée, assez pour qu'elle la couche sur le papier et qu'elle confesse ainsi son dénuement intérieur. Annie se tient devant elle, désireuse d'un amour auquel elle ne veut pas céder. Elle-même a rompu les ponts avec sa communauté qui, à son tour, lui a refusé son ancienne identité de chanteuse. Il y avait de quoi se demander ce qu'elle devait faire.

La photo d'elle prise par Annie sur leur balcon la montre en jupe avec un petit haut sans manches à légers motifs fleuris. Elle a les cheveux courts, et derrière ses lunettes, son regard est incisif, interrogateur. Un vague sourire esquissé est destiné à celle qu'elle a choisie pour une nouvelle vie. Annie que l'on voit sur d'autres clichés trahit une certaine gaucherie dans son attitude, une sorte de maladresse corporelle, mais son visage dénote une immense gentillesse. Quand elle pose à côté de Jeannine, elle la couve d'un air amoureux et protecteur, elle donne d'elle-même sans répit. Admirative, dévouée, passionnée, elle est le rempart absolu, celle qui se dresse contre le monde qu'elle apprivoise pour l'ex-religieuse. Timide, elle est volontaire ; elle a fait des études de kinésithérapie et débute dans ce métier. À deux, elles vaincront le doute et iront sans doute vers le vrai sourire de Jeannine, celui qui lui faisait si cruellement défaut. Le combat et la révolte contre Fichermont vont au début servir de ciment à leur relation. Et elles vont avoir besoin de tout leur courage, car l'exclaustration de l'ex-sœur Luc-Gabriel et donc bientôt l'ex-Sœur Sourire va faire grand bruit et elles vont devoir affronter la curiosité, la rumeur et même la malveillance.

« Sœur Sourire nonne défroquée », « Sœur Sourire échappée du couvent », titrent les journaux, avec même, dans un magazine en Allemagne, une annonce encore plus tapageuse : « Lesbienne avec auréole ! » tandis que des hordes de journalistes les guettent devant leur appartement. Les bruits ont couru rapidement, après tout l'histoire est suffisamment incroyable, du moins pour ce qu'il en apparaît, pour intéresser tout le monde. Non seulement la célèbre religieuse a quitté le voile, mais elle est partie vivre avec une amie. Le soupçon d'homosexualité pèse sur elles. Toutes deux n'ont pas d'autre choix que de s'enfuir pour se réfugier auprès des sœurs dominicaines contemplatives, tandis que Jeannine, se rappelant de ses années de guidisme, tente de brouiller les pistes. Un passage dans son journal pourrait faire croire que ces « ruses » l'amusent, mais la vérité est tout autre. Les ragots l'écœurent, cette « presse à l'affût d'étrangetés et de scandales » l'affecte terriblement. Elle qui est tant en quête de paix intérieure se sent traquée. En 1980, elle écrira une chanson pour rappeler le poids de cette curiosité maladive à son endroit :

Comme les mouches sur les crottins
Ils vont glaner par les chemins
Pour publier à leur façon
Les faits divers à sensation.
Ils déforment la vérité,
Mentent et inventent sans se troubler.

Elle dit avoir maigri à cette époque de dix kilos et lentement se sent la proie d'une dépression qui gagne du terrain. Ses migraines sont revenues, elle dort peu et sa tension est basse. Les médicaments ont fait leur apparition et vont s'installer durablement dans sa vie, pour calmer tel ou tel symptôme. Elle n'a pas encore réalisé l'état de sa situation financière. En quittant le couvent, elle a commencé par récupérer la dot laissée par sa grand-mère pour son noviciat, ce qui est suffisant pour acheter tout ce dont elles ont besoin au début de leur vie commune. Mais elle ne prête aucune attention aux règlements de ses droits d'auteur et donc aux impôts qu'elle devrait se mettre à payer maintenant qu'elle a recouvré sa « liberté ». Pas plus qu'elle ne se sert de ce qui se trouve sur le compte de l'avocat et qui lui appartient. Elle ne sait même pas de combien elle dispose. Tout cela est très loin d'elle. Elle se débat davantage avec des questions touchant à sa personne, car elle est dans une sorte de no man's land identitaire, elle n'est déjà plus sœur Luc-Gabriel, plus tout à fait non plus Sœur Sourire, tandis que Luc Dominique a encore bien du mal à s'imposer. Comme le prouve le papier à en-tête dont elle se sert où elle affiche clairement son nouveau patronyme en précisant toutefois en dessous entre parenthèses « Sœur Sourire », référence qu'elle ne peut mettre complètement de côté, l'eût-elle même voulu.

Et puis, malgré la présence si « amicale » d'Annie, elle est envahie de sentiments contradictoires. Elle en vient même à regretter le temps de ses études à Louvain, ce qu'elle a traduit dans une chanson intitulée *Au bord de mon cœur*. Elle l'a écrite peu auparavant, en juillet 1965, et dédiée à sœur Christiane, sa coturne à Louvain, avant que celle-ci ne s'en aille au Congo. Ce sont les souvenirs certes embellis de leur complicité, d'un partage de moments dans la cuisine, sur les bancs de la faculté et même de leurs disputes... Mais tout cela est bel et bien fini. Après six ans, le cordon est coupé et c'est à la fois exaltant et effrayant. Que sait-elle du quotidien sans les règles monacales qui l'encadrent ? « Je quittais un milieu sécurisant : logement, repas, habits et vieillesse assurés. » Sa réinsertion qui pourrait paraître simple, se heurte justement à tout l'aspect pratique et matériel de l'existence, les terribles « lassitudes », reconnaît-elle, dues aux travaux ménagers journaliers. Elle ne les appréciait déjà pas beaucoup au couvent, mais là il n'y a plus qu'Annie et elle pour assurer ces tâches. Leur vie commune est aussi un apprentissage qui se découvre au fur et à mesure, avec ces nouveaux partages, si ce n'est que, comme elle ne cesse de le marteler, leur amitié se veut tournée « au service des autres ». Si cela revient si souvent, alors qu'elle ne rencontre que peu de gens, n'est-ce pas tant pour justifier son rapport avec sa « consœur » ? Aucune confidence n'apparaît dans son journal, il faut dire que le contexte dans lequel elle se sent en permanence épiée par son entourage n'aide pas...

Leur appartement reflète précisément ses goûts, comme elle le raconte avec une certaine fierté. C'est une vraie satisfaction et elle semble vouloir y trouver tout ce qu'elle cherche. « Mon critère de choix est la liberté d'esprit et le recueillement ; je n'ai pas besoin d'un habitat encombré comme un musée ; de l'espace pour prier et chanter [...] Simplicité sans exclure la beauté, nécessaire à la joie de l'esprit », écrit-elle. Ses élans de vie vont, au moins pendant un certain temps, rester très fervents.

Le premier disque produit sous son nom de Luc Dominique pour Philips en 1966 traduit sa volonté combative. Elle a notamment écrit deux chansons assez polémiques. La première, *Les Façades*, épingle les accommodements de ceux qui se conforment aux modes, aux « conventions de la vie sociale » et qui finissent forcément par être les « rois de cette mascarade ». Tout ce qu'ils parviennent à faire est de se cacher derrière une « façade » péniblement érigée par eux-mêmes et qui les éloigne de leur propre vérité. Dans son refrain, elle propose de faire tomber les masques. Curieusement, alors que ses paroles sont plutôt belliqueuses, elle offre une solution qui est loin de marcher pour elle-même... Elle a bien abattu ses cartes mais pour l'instant elle n'en récolte que des critiques. Mais c'est sans doute une autre histoire.

La deuxième, *La Pilule d'or*, va encore plus loin et ose s'attaquer à un problème très contemporain, celui de la contraception :

La pilule, c'est épatant
Même si elle a deux tranchants
Elle souligne la victoire
Des amoureux sur l'histoire.

Ou, un peu plus loin :

Ni tabou, ni parti pris
Mais l'amour premier servi,

ce qui est repris à la fin par : « *Seigneur, que l'amour soit roi !* » En cinq couplets, elle parvient à dire des choses d'une modernité surprenante pour une religieuse. Une nouvelle aura de scandale se dessine. D'autres réactions sont plutôt narquoises face au choc des cultures. Toutefois, son offensive ne se traduit pas par un vrai succès. Peut-être parce que les paroles d'une femme qui se situe entre le vœu de chasteté d'un côté et une relation homosexuelle de l'autre, ne peuvent avoir qu'une portée très relative. Dans une émission télévisée de la fin 1966, elle s'explique sur ce qu'elle pense être le sens de ce qu'elle a désormais entrepris. Le journaliste commence par lui dire qu'il ne veut la comparer à personne, ce à quoi elle rétorque avec une certaine assurance : « Je vis ce que je pense. Je tente une expérience, ce n'est pas un métier. La chanson est un moyen de diffuser le message... » Puis elle ajoute qu'elle est consciente que, « pour une certaine classe de personnes bien-pensantes habituées au classique, [elle] rue dans les brancards ». Elle finit en précisant qu'elle a le sentiment d'aller dans le « sens d'un devoir accompli ».

Les semaines passent avec la préparation du 33 tours auquel elle s'est attelée et quelques reportages sur elle qu'elle a acceptés. Comme souvent, elle oscille entre deux attitudes, soit se dire qu'elle s'en sort assez bien, soit se sentir considérée comme une bête de foire avec des comportements « affables et amidonnés envers [elle] » qu'elle a du mal à tolérer. Son autosatisfaction est aussi exagérée que ses reculs et ses agacements. « Les gens étaient impressionnés par ma solidité, mon sang-froid ; et béni soit Dieu qui m'a fait la langue si bien pendue et la réplique au bord des lèvres », rapporte-t-elle, assez réjouie, après une conférence de presse. Un journaliste belge a pourtant raconté qu'elle disait finalement assez peu de choses, au mieux elle arrivait à parler de ses chansons, mais gardait un air perdu. Entre ce qu'elle a rapporté dans son journal après certains entretiens télévisés et sa façon d'être, il est évident qu'elle est très loin d'avoir cette facilité et ce naturel dont elle se targue alors. Ainsi, après une émission à la télévision française avec Philippe Bouvard, elle se vantera de l'avoir « mis en boîte » et d'avoir su déjouer ses pièges, tout en se disant sensible à son humour et à son « bon goût ». En réalité, elle est apeurée et son inquiétude transparaît à chaque instant. Il faut dire que l'animateur n'épargne pas celle qu'il décrit sans ambages comme étant devenue « laïque, en pantalon et décolorée ». Sans ciller, il lui pose les deux questions embarrassantes que tout le monde devait avoir sur les lèvres : qu'en est-il de ses revenus après tout ce succès ? Et quelle est la nature de sa relation avec sa compagne ? À la première, elle répond clairement que tous ses gains sont allés à la communauté : « Je suis sortie par idéal et non pour l'argent », affirme-t-elle. La réponse à la seconde question est encore plus ferme : « On a en commun un vœu de chasteté définitif », et elle explique que toutes deux prient ensemble, elle et son amie qui, précise-t-elle, travaille en tant que kinésithérapeute. La nouvelle Luc Dominique a pris son bâton de pèlerin pour convaincre. Plusieurs fois, elle reviendra sur cet idéal de vie qu'elle tente de bâtir avec sa consœur. Si tout cela lui est pénible, elle ne peut échapper à la curiosité des uns et des autres qui l'englue dans un rôle auquel elle n'avait pas vraiment pensé. D'ailleurs, Annie est de toutes les occasions, elle l'accompagne et se mêle aux groupes pour essayer d'entendre ce qui est dit, elle la rassure, ne l'abandonne jamais.

Dans son nouveau 33 tours, Sœur Sourire imprime résolument une nouvelle voie, entre les chansons religieuses d'un côté et ce qui apparaît comme plus controversé de l'autre. Un mélange détonant, à son image, puisque ces deux aspects sont presque en contradiction l'un par rapport à l'autre. Tous ceux qui la voient sont d'autant moins convaincus qu'ils ont en tête des images avec lesquelles elle n'est pas en phase : de la douce et joyeuse Sœur Sourire à la jeune femme moderne et téméraire qui a claqué la porte de son couvent, en passant par les clichés du film hollywoodien encore très récent (sorti en septembre 1966). Entre sa guitare et son scooter, Debbie Reynolds y déployait un charme d'autant plus irrésistible qu'elle n'hésitait pas à sacrifier son talent pour la santé d'un petit garçon gravement malade. Face à cette nonne moderne et attachante, difficile ensuite d'afficher une tête plus sévère et une vie plus sujette aux critiques.

Son succès intrigue et ne correspond en rien à sa personne : elle n'a rien d'extravagant, ou plutôt rien qui expliquerait l'engouement que ses chansons ont fait naître. Elle agit plutôt comme un être blessé, dépassé par les événements. D'ailleurs, après cette fameuse chanson qui l'a propulsée et malgré toutes ses nouveautés, elle ne parvient toujours pas à réitérer ce petit miracle.

Les vrais signes, elle les trouve encore dans le recueillement de la religion. « J'ai eu envie de cette vie recluse de prière, de certitude religieuse à l'abri des incommodités du dehors, et j'ai été très fortement tentée de faire marche arrière, par paresse... », se confesse-t-elle. Elle pense alors trouver une solution dans les prières quotidiennes avec Annie et les différentes retraites dans les monastères afin de se ressourcer. En mars 1967, elle se lie avec Annie auprès de la Fraternité Dominicaine laïque mixte « par un engagement privé de tertiaire », ainsi qu'elle le décrit elle-même. C'est une façon pour elles de s'unir symboliquement l'une à l'autre, puisqu'elles y ajoutent un « vœu de célibat consacré ». En réalité, il s'agit d'une démarche extrareligieuse puisqu'elle devrait être réservée à des sœurs ayant prononcé leurs vœux solennels, ce qui n'est pas le cas de Jeannine et encore moins celui d'Annie. Cette dispense autorisée par les dominicains est une forme de réponse à sa recherche d'identité spirituelle. Et, comme d'habitude, l'ex-Sœur Sourire se retrouve entre deux invraisemblances. Elle veut s'attacher à Annie tout en rejetant l'aspect physique de leur relation, tout comme elle veut s'inscrire dans un ordre qu'elle a évacué quelque temps auparavant. Pendant longtemps, elle va s'évertuer à se convaincre de la pureté de leur attachement, une « affection dans le Seigneur » qu'elle détache de toute contingence. « Nous ne nous marierons pas, ni l'une ni l'autre, par amour pour Dieu qui nous a choisies [...] je me sens plus consacrée qu'avant », précise-t-elle dans son journal.

Et puis survient la proposition d'une tournée au Canada, de fin juin à fin août 1967, ce qui est d'autant plus surprenant pour une chanteuse qui était restée jusque-là cachée du public. C'est un imprésario qui, apparemment, en a eu l'idée et Jeannine n'est pas mécontente, précisant même fièrement que cela « se limitera à la province de Québec, faute de temps pour visiter autre chose ». Et puis cela tombe très bien, en période de doute et d'interrogation, comme si le monde tant espéré vers lequel elle voulait aller manifestait son désir d'elle.

La voilà donc partie avec sa guitare, sa nouvelle identité et ses chansons. À l'aéroport de Montréal, elle est terriblement déçue de ne voir aucun fan l'accueillir – c'est, paraît-il, le retard de son avion qui aurait découragé les amateurs –, et le désenchantement ne fait que commencer. La prochaine mauvaise surprise est tout simplement... le lieu supposé du concert, puisqu'il s'agit d'un cabaret dénommé *Le Faisan bleu*. « Les contrats signés avant mon départ de Bruxelles ne donnaient pas d'explication sur les salles que je fréquenterais et tout laissait prévoir qu'il ne s'agissait ni de music-hall ni de boîtes de nuit », raconte-t-elle dans son journal. Cependant, elle ne peut plus reculer et, malgré la vulgarité de l'endroit, avec différents numéros montrant notamment des filles très déshabillées, elle finit par se résoudre. Elle ne peut raisonnablement revenir chez elle sur un échec de cet ordre. Il faut se représenter l'ex-religieuse, dévorée par le trac, cachée derrière ses grosses lunettes, se retrouvant pour la première fois sur une petite scène tout près d'un public venu se divertir. Comment les gens ont-ils pu percevoir cette femme timide accrochée à sa guitare et chantant Dieu ? Avec son air sage et réservé, a-t-elle autant surpris son auditoire qu'elle a été désorientée elle-même ? Il est fort à parier que la rengaine *Dominique, nique, nique* a fini par emporter toutes les adhésions. Chacun pouvait reprendre le refrain en chœur, le tube avait le pouvoir de fédérer tout le monde, que ce soit dans un bouge plus ou moins douteux ou une salle de kermesse. Pendant son séjour, elle va se produire dans des endroits improbables, souvent plutôt sordides. En tout, elle va donner plus de cent représentations, avec deux passages par soirée. Un rythme qui a été pour elle littéralement épuisant. Elle est également invitée à un certain nombre d'émissions auxquelles elle ne dédaigne pas participer, mettant l'accent sur son engagement missionnaire. Malgré ce contexte peu favorable, elle semble garder une certaine fraîcheur d'âme. En revanche, le rêve canadien s'écroule définitivement quand, une fois rentrée en Belgique, elle se rend compte que son imprésario, qui avait déjà pris quelque liberté avec son image, la jetant dans le public, s'est volatilisé avec tous ses gains. Elle aura donc fait tout cela pour rien ! Ou, plutôt, pour le tiroir-caisse d'un homme peu scrupuleux qui n'a eu aucun égard pour celle dont il s'est amplement servi. Une fois de plus, la partie financière lui a échappé complètement. Ce revers injuste est sans doute à l'aune de son incompréhension du système : elle n'a pas su jauger son interlocuteur qui, lui en revanche, a très bien vu qui elle était : une innocente qu'il pouvait aisément plumer. De la star à la nonne défroquée, elle s'est alors glissée dans un rôle de victime qui va très bien avec l'éternelle expression de ses atermoiements intérieurs.

Elle s'intéresse alors au projet d'édition du journal qu'elle a tenu toutes ces années : cela lui paraît d'autant plus vital que les racontars n'ont pas cessé de se multiplier et qu'elle souhaite désamorcer tout ce qui est a été dit. Son public devrait pouvoir se faire sa propre opinion. Début 1968, elle le termine par une fin vibrante sur la nécessité de la foi. Elle a le sentiment d'avoir bouclé une période de sa vie, ainsi peut-elle se tourner vers l'avenir. Le livre paraît chez Desclée en octobre de la même année et sera même présenté au prince Albert, ainsi que l'atteste une photo. Elle y apparaît assez timide, se tenant respectueusement à côté de l'illustre personnalité qui découvre devant elle les premières pages.

Mais, le succès n'est pas tout à fait au rendez-vous : sur les 3 000 exemplaires, seules 450 copies seront vendues. Là encore, le genre n'est pas tout à fait clair. Si elle avait pensé rétablir sa vérité – c'est ce qu'indique le titre « Vivre sa vérité » – ce n'est pas ce qui saute immédiatement aux yeux. Il s'agit plutôt de réflexions sur sa vocation mystique, le témoignage d'une personne croyante qui s'est posée un certain nombre de problèmes. Mais de vraie confession sur sa vie personnelle, point, pas plus que d'aveu sur ses choix amoureux. Tout reste très édulcoré. Comme d'habitude, elle vogue entre plusieurs eaux et on peut imaginer que les gens friands de révélations ont dû être largement déçus. Vers la fin, elle se définit d'ailleurs comme une « relation publique de la religion ». Pourtant, dans le curriculum vitæ qu'elle écrira un an avant son suicide, elle prétend que son œuvre a parfaitement marché. Est-ce parce qu'elle tente de mettre l'accent sur les réalisations positives de sa vie (en vue d'asseoir d'autres projets, ce qui peut justifier le but d'un retour autobiographique), ou l'a-t-elle cru réellement ? De la même manière, elle fait allusion à des 45 tours qu'elle a composés pour les enfants et qui auraient été « massivement » utilisés par les enseignants. Chez elle affleurent toujours de nombreuses divergences entre la réalité et la perception qu'elle en a.

Depuis son amère déconfiture canadienne, Luc Dominique est redevenue la proie de la dépression. Les deux femmes partent alors en vacances deux mois afin de se reposer et sillonnent la Suisse, puis le sud de la France. Leurs principales visites sont pour différentes maisons dominicaines où au moins elles se sentent toujours à l'aise. Pourtant, cette longue période se solde par un relatif échec. La chanteuse ne parvient pas à dépasser son mal-être et recommence un cycle oscillant entre pleurs et prises de médicaments qui déclenche d'autres maux jusqu'à l'intoxication. Elle a démarré l'écriture d'un nouveau journal, un second tome, comme elle le souhaite afin de suivre le premier, qui s'appellera *Celle qui dort* et dont le ton se veut résolument différent du premier. Dès le début, elle précise : « Maintenant que les années ont pacifié ces problèmes, il me semble que mes lecteurs ont droit à toute la vérité, sous ses aspects négatifs comme positifs. » Cette fois, elle n'est plus soumise à la pression des mères supérieures ni aux impératifs de ce qu'il convient d'écrire ou non. Elle s'est effectivement libérée d'un certain nombre de contraintes par rapport au premier journal qu'elle avait tenu.

Pour l'heure, il lui semble que le problème est ailleurs, sans doute lié à leur environnement. Elle veut changer d'air et explique qu'Annie a trop de trajet à faire pour son travail, alors qu'en réalité Louvain lui est devenu invivable. Elle ne se supporte plus dans leur appartement. Wavre, à un quart d'heure de voiture de Bruxelles, deviendra leur nouveau – et ultime – lieu de vie. L'immeuble des Verts Horizons est récent. Il est construit au lieu-dit Pauvre Diable, ce qui pourrait paraître peu engageant, mais elles sont déterminées. Cependant, cette fois il ne s'agit plus d'une location mais d'un achat. L'avocat du couvent donne donc environ 15 000 euros à l'ex-Sœur Sourire, somme réputée servir de dépôt de garantie pour un prêt hypothécaire d'un peu plus de 50 000 euros. La question est de savoir pourquoi il n'a pas mis à disposition l'argent dont elle avait besoin pour s'acquitter du prix total, d'autant qu'il devait certainement l'avoir en sa possession ? Le plus absurde est encore à venir, car il semble que la société de prêt Ippa n'ait pas tenu compte de ce dépôt de garantie et qu'elle ait infligé un pourcentage d'intérêts délirant. Ni l'avocat ni sœur sourire ne l'ont contrôlée ni mise en cause, ce qui a laissé courir de « fausses » dettes pendant des années. Indirectement, l'installation à Wavre des deux femmes marque le début de leurs ennuis.

Pour l'instant, ce qui ne va pas fort, c'est le moral de Jeannine. Elle a trente-cinq ans et tourne en rond. La dépression la gagne de plus en plus. Annie lui suggère alors, par le biais de la directrice du pensionnat où elle-même travaille, d'enseigner le catéchisme aux jeunes filles qui préparent leur communion solennelle. Il en va là comme de son travail en tant que professeur de dessin, elle n'éprouve pas de plaisir à transmettre ; en revanche, elle s'attache aux jeunes. D'une certaine façon, l'effet escompté est bénéfique puisqu'elle parvient à s'extirper de sa léthargie. Mais dans ses écrits reviennent toujours les mêmes questionnements sur la vérité, la foi et son identité. Ses projets restent flous et elle n'a pas retrouvé son inspiration. Elle voit bien que son surnom de Luc Dominique n'a aucun impact sur le public, qui n'a toujours pas fait le rapprochement avec l'ex-religieuse. Dans son désarroi, elle pense même changer officiellement de nom afin que ce « personnage » lui colle davantage à la peau. Crise de larmes, de doute profond, les perspectives sont alarmantes. « Il me semble parfois que je m'agite, que je remue beaucoup d'air autour de moi et que les vrais problèmes sont ailleurs... je ne sais. » Écrire un roman, se remettre sérieusement à la peinture ? Et Dieu dans tout ça ? La prière deux fois par jour en compagnie d'Annie est au moins un ancrage sûr et régulier. En avril 1969, elles renouvellent toutes deux leur engagement dans le tiers ordre.

Une chanson écrite à ce moment, *Dans le creux de la vague*, est particulièrement révélatrice de ses états d'âme :

Dans le creux de la vague
On revoit les faux pas
Et les vieilles débandades
De l'enfant d'autrefois.
Angoisse familière,
Que sera celle d'aujourd'hui ?

Elle y évoque également les « jours maussades » et les « cafards mouillés », les déceptions, les ratés et la solitude... Après la bonne humeur affichée par l'ex-Sœur Sourire, le contraste est violent.

Apprenant que son père est entré d'urgence à la clinique, elle décide de se rendre à son chevet en compagnie d'Annie. Sa mère n'aura ni un mot ni un regard pour les deux jeunes femmes. D'une certaine façon, cet espace confiné avec un malade et trois femmes silencieuses a marqué le rejet officiel de sa famille. Sa mère aurait pu choisir de l'affronter, comme elle l'a fait lors de leur sortie commune au cinéma à l'Eldorado voir le film américain qui lui était consacré. Gabrielle n'avait alors su qu'exprimer son mécontentement en raison de sa sortie du couvent... et des bruits autour de son amitié très particulière. Mais, à cette époque, elle était encore en deçà de la réprobation. Décidément, sa fille l'aura continuellement déçue. Ses changements perpétuels, ses choix voyants, elle représente tout ce qu'elle hait au nom de sa morale... La religieuse transformée en vedette était sans aucun doute plus acceptable à ses yeux que la défroquée lesbienne.

La proximité affectueuse des deux amies dérange, c'est évident. Notamment dans le pensionnat où elles travaillent toutes les deux, certains se formalisent de leur relation ressentie comme trouble. Mais il y a aussi la manière dont Jeannine aborde la religion, qui n'est pas du tout appréciée par la direction. Une responsable décide finalement de dispenser les cours à sa place. « Les enfants furent confiés à son savoir douteux en théologie. Sous sa tutelle, mes gamines retrouvaient le vieux christianisme démodé de nos grands-mères. » C'est une « vieille fille », conclut-elle avec mépris. Continuer là-bas n'a plus aucun sens, et en juillet 1969 elles décident de donner toutes deux leur démission. Les voici désormais face à un grand vide : la société les juge, elles n'ont plus de travail et pas d'argent, la carrière de Jeannine piétine, que faire ? Annie n'est pas inquiète et a envie de se lancer, de se mettre à son compte. Elle commence à échafauder un projet autour d'une thérapie pour enfants difficiles.

Jeannine s'était persuadée que tout serait différent une fois son costume de religieuse abandonné, qui faisait « écran » entre elle et le monde. Elle qui cherchait à se rapprocher des autres et souhaitait qu'aient lieu de vraies rencontres humaines finit par s'enfermer dans son appartement, avec ses pleurs et sa lassitude. Seul refuge, les retraites qu'elle fait de temps en temps et où elle se sent protégée.

À la fin de l'année 1969, pourtant, elle enregistre un nouveau disque, cette fois pour enfants, chez Hebra, en compagnie d'une chorale et de jeunes chanteurs. Comme d'habitude, elle en compose la musique et les paroles. En avril de l'année suivante, elle récidive avec d'autres chansons pour les petits. Parallèlement elle s'engage auprès de la même compagnie pour le projet d'un disque pour adultes. Des interviews, des journalistes, un semblant de renommée locale, tout cela devrait contribuer à son moral. L'intérêt qu'on lui porte se traduit également par une tournée en Suisse, notamment dans le Valais. Cette fois, contrairement au Canada, elle se produit dans des paroisses. L'accueil est chaleureux et semble se poursuivre avec l'invitation de la chaîne des magasins suisses Migros de venir chanter dans une salle de spectacle à Genève. Mais le cachet important qu'elle réclame fait capoter l'affaire… Deux émissions pour la télévision française suivent, un « Midi-Magazine », le jour de Noël 1969 et une rencontre avec le grand créateur iconoclaste Jean-Christophe Averty début 1970… ce n'est pas si mal.

Elle s'est remise au travail, et cette fois la veine est franchement contestataire. *Le Monde majeur*, notamment, avec quelques vers bien sentis sur la chrétienté :

Mais l'Église des puissants a vécu assez longtemps,
Cet antique christianisme va en s'effilochant
[…]
Adieu confortable Église, comme Jésus elle doit s'effacer

et un refrain qui scande : « Le monde est majeur, mes frères, le monde est majeur. » À vrai dire, la première version du refrain était encore plus dérangeante : « Constantin est crevé pour l'éternité, ohé » allusion au premier empereur romain à s'être converti au christianisme.

Suivent *Les Conservateurs*. Le titre est assez explicite, d'autant que le refrain reprend : « les con-cons, les con-cons, les conservateurs... » Elle épingle sans complaisance leur mode d'être :

Souvent leur vie est un carcan
Et ils la vivent prudemment
Sans amour, sans fantaisie
Fermés aux soucis d'aujourd'hui.

Ou encore :

Ils cassent les élans généreux
De ceux qui pensent plus vite qu'eux
Car ils ne peuvent plus tolérer
D'être si souvent dérangés.

Le Temps des femmes dénonce ensuite les maris qui sont des « hussards » et qui maintiennent leurs femmes au foyer en raison de leur « incompétence ». Enfin la chanson *Les Mères* s'attaque à celles qui « nous élèvent en flacons / Bouchés sur l'horizon » et qui sont plus des tyrans que des êtres aimants. C'est une véritable déclaration de guerre. Elle tape fort, sans doute a-t-elle besoin de se détacher de cet univers qui l'englue. Elle qui disait : « Ma vie dominicaine en plein monde est exaltante mais périlleuse, ce n'est pas rose tous les jours » en est une certaine illustration. Pourtant, ses provocations ne créent pas le déclic tant attendu.

Elle a quitté les ordres, et tenté d'affirmer une nouvelle identité de chanteuse mais son courage, ainsi que sa volonté farouche n'ont pas été payés en retour. Au fond d'elle, elle sait qu'il n'y a qu'un seul chemin possible, redevenir Sœur Sourire, là est sa véritable identité. Elle va donc engager un avocat et entreprendre des démarches afin de récupérer son nom. Cette nouvelle bataille va complètement la mobiliser. C'est aussi une question de survie pour celle qui ne veut plus uniquement dormir, ainsi que le suggérait le titre de son deuxième journal...

6.

« Je suis à la fois Jeannine D. et Sœur Sourire »

Luc Dominique est morte. Vive Sœur Sourire !

Luc Dominique était une réplique au diktat imposé par le couvent, mais elle n'a jamais réussi à incarner pleinement ce personnage. Tandis que celui de la nonne chantante avait fini, malgré ses premières réticences, par se frayer un chemin en elle. « Et Sœur Sourire ? J'ai assimilé le personnage publicitaire et je ne fais qu'un... », lance-t-elle en guise de constat après toutes ces années. D'ailleurs, si ce patronyme avait dû lui rester définitivement interdit, cela aurait été comme une « mutilation », insiste-t-elle, c'est dire à quel point toute cette histoire s'est inscrite en elle physiquement. Ses perpétuels tiraillements se sont clairement traduits par une multiplication de symptômes, comme ses migraines qui ne l'ont jamais laissée en paix. Le patronyme de Luc

Dominique n'aura jamais dépassé le stade de la contestation. Elle l'avait voulu comme une déclaration d'intention, pour ne pas dire d'existence. Désormais, il s'agit pour elle de faire la synthèse entre les deux, de donner aux ritournelles de la religieuse qu'elle n'est plus une autre ouverture, celle d'un « déploiement » au monde, ainsi qu'elle l'a exprimé depuis longtemps.

En 1967, elle se réjouissait déjà d'avoir amorcé un premier mouvement qui lui permettait de franchir un palier et de composer une chanson qui ne soit plus « séparée, de religieuse, classée, cataloguée ». Elle souhaitait évoluer vers ce qu'elle nommait « à la fois présence et question ». Ce qui supposait une recherche dans la musique et le rythme en vogue à l'époque. Sortir de la seule ballade qui chante les seules louanges de Dieu et aller vers des airs plus en phase avec les goûts de la jeunesse.

Mais la reconquête de Sœur Sourire ne peut se faire sans l'adhésion des autres. En 1974, elle résumera la situation ainsi : « Pour moi, c'est depuis sept ans l'éternel problème : quand je rencontre des gens, seront-ils "pour" ou "contre" Sœur Sourire ? Cela me fait beaucoup souffrir et redouter les contacts humains. » Elle ne peut aborder qui que ce soit sans craindre la façon dont elle risque d'être perçue. Sœur Sourire ne va pas sans une aura de scandale, voire de déception : elle n'est plus celle qui a tant plu au public. Pour elle, c'est une problématique incontournable, un nœud qu'elle ne peut plus dénouer, une chaîne dorée qu'elle n'a pas su enlever.

Depuis son exclaustration, les années passent sans grand changement. Pourtant, elle croit souvent s'approcher du rivage et se libérer de ses fardeaux. « J'ai l'impression très nette de commencer à vivre, ou de commencer une nouvelle vie. Je me sens beaucoup plus solide psychologiquement. Je sens que je termine une période noire de ma vie ou une période morte, et que quelque chose va commencer... », consigne-t-elle pendant l'année 1970. Un peu plus loin, elle précise : « Je ne vois pas encore très clair, mais je sens confusément que je suis prête à rendre service, que je me *socialise.* » Pendant un certain temps, effectivement, elle apparaît plutôt en accord avec elle-même. Seule ombre au tableau, une sérieuse opération au dos qu'Annie doit subir dans les semaines à venir. Celle-ci ne peut plus bouger sans souffrir et une intervention assez lourde s'impose. Pas moins de deux greffes osseuses de la moelle épinière seront nécessaires, suivies de six mois de convalescence. En attendant la date prévue, les deux femmes décident de partir en vacances. Sur leur chemin vers les Alpes, elles ont pu oublier la tension accumulée derrière elles.

L'introspection est l'une des activités favorites de Sœur Sourire et a constitué, tout au long de sa vie, l'un des rares socles solides sur lequel elle s'est appuyée. Dans son premier journal, elle écrivait cette auto-analyse étonnante : « J'ai fait à peu près le tour de moi-même ; je sais que je suis foncièrement bonne, et aussi que je détiens une puissance inouïe de destruction. Je suis heureuse de cette lucidité qui permet de construire l'avenir en connaissance de cause, sans illusions, avec réalisme et force... » Elle a conscience qu'elle a à tout moment la capacité de bouleverser et de réduire à néant son propre édifice, tout comme elle comprend la force négative qu'elle peut notamment exercer sur Annie. En 1968, alors qu'elle n'arrivait pas à dépasser sa propre angoisse et qu'elle était engluée dans de douloureux questionnements, elle a envisagé de suivre une thérapie. Au pensionnat où elle travaillait alors avec Annie, la chanteuse a sympathisé avec une psychologue à laquelle, un beau jour, en désespoir de cause, elle a fini par s'adresser. Cette thérapeute lui propose donc un travail par le biais du « rêve éveillé dirigé ». La méthode dite de RED a été mise au point par un ingénieur, Robert Desoille, qui a cherché un autre accès à l'inconscient. Au cours de séances de relaxation, des images surviennent spontanément et dans un certain ordre, ce que le patient doit formuler au fur et à mesure. Pas d'hypnose, mais un état de conscience « modifié » qui se place tout juste avant le sommeil. « Cela me fait peur, que vais-je trouver au fond de moi-même ? », s'interroge-t-elle avec appréhension. Néanmoins, elle se félicite que la méthode soit connue pour être moins longue que la psychanalyse.

C'est donc parti pour de nombreuses séances. Dès qu'elle rentre chez elle, elle note les rêves qu'elle a faits et tous les détails qui lui semblent non seulement marquants, mais parfois extrêmement parlants. Assez vite s'imposent à elle la figure castratrice de sa mère, puis celles des mères supérieures. Dans un rêve, elle les enterre toutes vivantes et trouve pour son père une femme plus douce. Puis surgissent d'autres scènes qui montrent sa crainte des attouchements et du viol, la menace que font peser les hommes sur elle. Et enfin surviennent ses réflexions sur sa propre sexualité, ses perceptions visuelles étant toujours extrêmement violentes. Sans cesse revient sous sa plume l'affirmation qu'elle n'est pas homosexuelle, alors qu'elle parle également de sa tentative de se « débarrasser » de sa « deuxième peau ». Une fois de plus, elle navigue entre différentes extrémités où elle tente de se définir.

Et comment elle-même se voit-elle, lui demande la psychologue ? De fait, le reflet qu'elle a d'elle-même la trouble beaucoup et la laisse toujours autant désemparée sur son identité sexuelle. « Je suis près de me trouver anormale, à cause de mon image masculine plutôt que féminine [...] Je repense avec crainte à l'étroitesse d'esprit des gens de ma firme de disques qui affirmaient que j'étais lesbienne... auraient-ils raison ? », s'interroge-t-elle. Le regard des autres la perturbe, elle ne le vit que dans le conflit. Plus elle s'approche du nœud précis de sa problématique, plus son anxiété se confirme. Elle sent que, malgré son acharnement, tout en elle se refuse à une quelconque avancée ; elle n'est plus qu'une enfant apeurée et démunie, qui ne sait plus où elle en est. Après cinq mois, elle se résout à arrêter, tant elle aperçoit un véritable danger dans la mise au jour de quelque chose qui risque d'être difficile à contrôler. Au début de sa thérapie, elle semblait bénéficier de quelques effets apaisants qui lui avaient redonné un peu de force, mais ses tourments sont vite revenus, des rêves accablants l'éprouvent à nouveau, sa détresse est totale. Et toujours plane sur elle cette même menace de viol, ainsi que la puissance de l'homme qui la terrorise.

Pendant ce temps, Annie trace un nouveau chemin professionnel. Elle s'occupe d'enfants autistes après avoir élaboré une méthode fondée sur une pratique qui se nourrit de plus d'attentions et surtout d'une plus grande affection. Finalement, le reflet de ce qu'elle accomplit au quotidien pour sa compagne en souffrance : montrer sa présence indéfectible, son soutien, son amour désintéressé. Jeannine, de son côté, commence à s'enthousiasmer pour une nouvelle voie théologique et s'évertue à trouver de nouvelles interprétations de l'Évangile. Elle rencontre des religieux qui la guident. « J'ai besoin de connaissance, de savoir, même si j'ai aussi besoin d'essentiel », s'exclame-t-elle avec ferveur. Durant cette période, elle est sollicitée pour de célèbres émissions télévisées. Celle de Philippe Bouvard, tournée chez *Maxim's* comme de coutume, et diffusée le

27 mars 1971. Matois, celui-ci affirme que ce nom de Sœur Sourire, abandonné puis repris, est en soi une parfaite idée publicitaire. « Vous avez plus de vocation pour le music-hall que pour la religion », lâche-t-il avec un grand sourire.

Sœur Sourire, le visage un peu figé, répond doucement : « Sans cornette peut subsister un idéal. » Elle est tendue, sur ses gardes et semble mal à l'aise. Lorsqu'elle déclarera ultérieurement qu'elle a beaucoup ri et n'a pas « redouté ses piques », elle enjolivera une réalité un peu plus terne de son côté. Et l'animateur de poursuivre sur l'habit religieux qu'elle a quitté, pour quelle raison, voudrait-il savoir. « Parce que la cornette est un écueil et un écran pour la communication personnelle entre les personnes », plaide-t-elle. Pour finir, elle se lève et, droite comme un « I », avec sa guitare en bandoulière, elle chante *Les Façades*. L'un des couplets est parfaitement adapté à la situation, d'autant que Bouvard n'a pas manqué de faire un commentaire sur son apparence physique, plutôt moderne selon lui :

Cheveux courts ou cheveux longs,
Tout comme la mode
Tu lui as donné ton nom

Et c'est bien commode
Pour masquer ton désarroi
Ou ta débandade.
Mais la mode ce n'est pas « toi »,
Elle est ta façade.

Début 1972, elle est invitée à l'émission « Télé-Midi », animée notamment par la timide Danielle Gilbert. La chanteuse est plus calme, cette fois, et se présente comme une « religieuse laïque ». Elle est assise à côté de Nino Ferrer qui va interpréter *La Maison près de la fontaine*, un texte poignant contre les dérives du prétendu progrès. À la question de savoir ce qu'elle pense elle-même de la pop musique, Sœur Sourire répond assez vaguement que « cela a du bon côté ». Elle est affable et semble de bonne humeur. Puis, à propos du succès de *Jésus Christ Superstar*, elle élude en disant que ce « n'est ni bon ni mauvais ». Consensuelle, elle ne montre qu'un côté très lisse. Il faut dire que le ton de l'émission l'y incite. Entre-temps, elle s'est amusée à souligner qu'elle avait fait « un certain retour avec un certain sourire ». On la sent plutôt aguerrie et rompue à ce genre d'exercice. Peut-être assez absente, ce qui est toujours l'impression qu'elle donne. Dans le courant de l'année, elle compose dans le cadre du concours de composition une chanson pour le couple qui va représenter la Belgique à l'Eurovision, Serge et Christine Ghisoland ; mais sa proposition ne sera pas retenue.

Et puis sa vie au quotidien n'est pas facile. Elle supporte mal de voir Annie diminuée après son opération. Celle-ci normalement si active ne peut rien faire et doit rester allongée. Jeannine s'abrite alors derrière le prétexte de sa propre fatigue et se dit lasse de s'occuper de celle qui a si souvent joué ce rôle pour elle. De manière générale, elles fonctionnent toutes deux comme des vases communicants, l'une se mettant en position symétrique par rapport à l'autre, parfois selon un rythme plus ou moins simultané. De temps en temps, cependant, la chanteuse a conscience d'être trop dure et même « méchante » envers sa compagne. Elle se rend compte également que la pauvre Annie en est réduite à lui emboîter le pas dans toutes ses lubies sous peine de rester à l'écart et au pire, de ne pas être aimée en retour. Ainsi, elle n'hésite pas à suivre les mêmes thérapies qu'elle, à l'accompagner dans ses retraites, à prier avec elle... Mais Sœur Sourire réagit là encore de manière paradoxale, au lieu d'être touchée, elle s'en agace plutôt : « Je voudrais tellement qu'elle trouve sa route personnelle sans loucher sur la mienne qui lui semblerait meilleure », écrit-elle. Pour ensuite confesser qu'elle ne peut vivre sans le dévouement inconditionnel de sa compagne. Elle affirme : « Annie, je la veux tout entière. » Pourtant, cette dernière finit forcément par se lasser des fréquentes crispations de celle qui partage sa vie et se rebiffe parfois.

Car jamais la chanteuse ne parvient à être sereine. Des pics d'agitation ou de contrariété surviennent de manière évidemment inattendue et complètement irrégulière, ses migraines ne sont jamais loin, ainsi que d'autres dérangements physiques dont elle dresse des listes complaisantes. C'est le début de quelques cocktails hasardeux qui la laissent hagarde et qui, certainement, ne soignent en rien sa déprime. Son médecin a essayé un jour de lui faire la morale. Au-delà du terrain médical, il a osé lui émettre quelques réflexions sur certains de ses choix. Quand elle lui a parlé de la rédaction de son second journal, il a voulu la mettre en garde contre les gens qui pourraient trouver ce déballage contraire à l'idée qu'ils se font d'elle. « Certaines religieuses et religieux ne vous pardonneront jamais d'être ce que vous avez été et ce que vous êtes... », argumente-t-il.

Furieuse, elle se récrie : « Encourageant, il est vrai ! » Elle supporte mal qu'une personne exprime – même si c'est pour lui tendre une main – des doutes sur ce qu'elle est devenue aux yeux des autres.

Ce qu'elle écrit révèle alors tout et son contraire, son affection comme son exaspération envers Annie, son inertie que vient soudain ébranler une hyperactivité, son anxiété et sa tristesse... Elle a fait la connaissance du doyen de la faculté de théologie de Louvain avec lequel elle a plaisir à converser et à échanger des lettres. En revanche, elle se sent troublée quand elle se souvient de l'un de ses rêves exprimant un « besoin de relations masculines » où ce dernier tiendrait un rôle d'homme face à elle. Elle sent qu'elle éprouve des sentiments autres qu'une simple amitié pour lui. Heureusement, celui-ci ne semble pas s'en formaliser et reste très attentif aux difficultés qu'elle exprime. Pour sa plus grande satisfaction, ils continuent de partager de nombreuses conversations.

Une nouvelle thérapie est alors envisagée. C'est l'idée d'Annie qui a entendu parler d'un travail sous « oreille électronique ». Le docteur Tomatis a créé dans les années 1950 ce qu'il a appelé l'audiophonologie. Il s'agit de débarrasser l'oreille interne puis le cerveau de tous les mécanismes d'inhibition et de dysfonctionnement qui se sont mis peu à peu en place, puis surtout de modifier l'écoute. Comme Sœur Sourire paraît en plus sujette à des problèmes de voix qui influent sur son chant, la méthode paraît idéale, d'autant qu'elle n'est pas fondée sur une orientation uniquement psychologisante comme celle qui l'a récemment plutôt malmenée. L'écoute et la parole sont liées et jouent un rôle actif l'une sur l'autre. Au début, elle se dit enthousiaste et évoque même la possibilité d'une guérison. Comme au temps des rêves éveillés dirigés, son journal regorge de réflexions sur son enfance et ses parents. « Il me semble que, ici, je revis de manière lointaine et sans doute inconsciente le problème que vivait ma mère : refus de la maternité parce que soumise à l'acte sexuel. D'ailleurs, si je me mariais, je ne désirerais pas d'enfants, à moins d'accoucher d'adolescents », écrit-elle après avoir précisé qu'elle ne supporte pas les enfants en bas âge. Elle fait toujours montre d'une extrême bonne volonté et, plus encore, de confiance dans le travail entrepris. « Sous oreille » est le terme qu'elle utilise pour traduire les expériences qu'elle vit. Après un certain temps, elle note tout de même qu'elle en est à la vingt-cinquième séance. Elle a donc fini par s'astreindre à un rythme, elle qui a souvent clamé n'en vouloir faire qu'à sa tête ! Toujours et encore émerge la dualité mère-père, autrement dit ce qui se heurte chez elle entre puissance et faiblesse, besoin de la reconnaissance sociale et nécessité de l'esprit.

« Je me sens partagée entre l'agressivité et le désir d'être reconnue pour ce que je suis, ou ce que je veux être : Sœur Sourire... Bref je ne me comprends pas très bien ; il semble que je vis des remous divers qui échappent à ma conscience claire », avoue-t-elle. Ce qu'elle voudrait par-dessus tout ? Être une « vraie Sœur Sourire, heureuse de Toi et heureuse de communiquer aux autres Ta joie, et Ton bonheur en moi. » Elle est toujours face au même écueil de son identité qui ne lui laisse pas de répit... Ce qu'elle reconstruit – le goût de sa vocation, le chant, la force de la prière – est rapidement contrebalancé par le doute, l'apitoiement, voire la détresse. La pensée du suicide s'exprime un peu plus nettement. Son second journal rend compte de ces mouvements de balancier qui la laissent désemparée et, malgré ses efforts réels, sans contrôle sur elle-même. Avec au quotidien ces constantes instabilités d'humeur que la brave Annie subit sans ménagement. Tout de même, Sœur Sourire se demande pourquoi toutes ces thérapies qu'elle suit semblent produire des effets positifs chez les autres et jamais chez elle. « Non, je ne suis pas encore libérée totalement du passé, pas encore ouverte aux projets d'avenir », résume-t-elle avec ce qui pourrait paraître du fatalisme, mais est en réalité une angoisse qui la consume de plus en plus.

Beaucoup plus tard, elle entamera une autre approche, la Gestalt. Une fois de plus, c'est la courte durée qu'elle mettra en avant – six mois, selon elle – face aux dérives qu'entretient, selon elle, la psychanalyse. Une nouvelle fois, elle sera éblouie au début, pensant toucher du doigt une libération rapide. Il est vrai qu'à cette période de sa vie la dépendance médicamenteuse et l'apparition de sérieux problèmes financiers ne lui laissent aucun répit.

Car, depuis un certain temps, elle a recours à ses « cocktails », comme elle les appelle, où elle mélange plusieurs sortes de médicaments. « Tous ces calmants, cela me rend triste... je voudrais tellement pouvoir m'en passer », confie-t-elle à son journal. D'une certaine façon, c'est comme un jeu qui ne serait pas complètement sérieux, ni complètement intentionnel. Juste afin de traiter un symptôme. Juste pour se rappeler qu'elle exerce encore un pouvoir sur elle-même et qu'elle n'est pas que victime de mauvaises d'impulsions confuses. Même si cela lui laisse un arrière-goût amer...

Dans l'un de ces va-et-vient permanent qui ne la lâche jamais, elle décide de reprendre des cours à la faculté de théologie de Louvain. Cette fois, elle s'inscrit à une session sur la psychologie religieuse. Elle s'est réveillée un jour avec l'idée évidente de devenir diaconesse ; il s'agirait comme elle le pense d'intervenir dans la paroisse en prenant en charge certaines œuvres et activités ministérielles. Une autre manière de tisser un lien entre sa fonction laïque et la communauté à laquelle elle a tourné le dos. Mais comment pourrait-elle s'insérer ? Tout ce que lui propose le doyen ne trouve pourtant aucune résonance en elle. Encore moins quand il lui suggère de se mettre à l'écoute des parents des enfants qui vont être baptisés. Son dégoût pour les bébés ne lui permet pas d'envisager cette tâche sereinement ni même de s'y impliquer. « Les enfants au sein et en bas âge ont le don de m'énerver », avait-elle analysé après l'une de ses séances thérapeutiques.

Toujours attentive à ce rapport à Dieu qu'elle souhaite maintenir, elle s'inscrit dans un séjour théologique que fréquentent également un grand nombre de prêtres et de religieuses. Mais là encore son esprit critique ne la laisse pas en repos, elle n'est séduite que par deux interventions de dominicains, reprochant aux autres leur « manque d'esprit de synthèse et de clarté ». Puis ce sont des réunions de prière commune qui la mobilisent. Les principes proposés par Le Renouveau charismatique la trouvent à la fois convaincue et irritée, tout au moins se dit-elle intéressée par les chants qu'elle y entend. Puis peu à peu se creuse en elle un sillon où elle découvre à nouveau ce qu'elle n'hésite pas à appeler un « émerveillement ». « Ma foi aussi devenait plus solide et moins désincarnée. Je me sentais guérir, je me remettais à chanter et à créer », s'écrie-t-elle avec transport.

Toutefois, son rapport à autrui reste compliqué, il est à l'origine de lamentations lancinantes. Alors qu'elle a tout fait pour trouver un sens à sa vie, elle s'isole et se sent mise à mal quand les gens deviennent trop présents dans son quotidien. En vacances avec Annie, elle se retrouve avec une de leurs amies communes et la fille de celle-ci, et avec d'autres personnes qu'elle affecte d'ignorer en se retirant seule dans sa chambre. Elle est sujette aux sautes d'humeur, mais aussi aux sautes d'« idées », comme elle le formule, parvenant de moins en moins à mener à bien ces incessantes recherches de vérité intérieure qui sont si importantes pour elle.

En outre, sa sexualité lui pose de plus en plus de problèmes. Un rêve lui a fait se rappeler qu'un soir son père, venu les sermonner, sa sœur et elle, parce qu'elles chantaient dans leur lit, s'était penché sur elle ; « mon bras droit a frôlé ses parties génitales que j'ai ressenties dures, fermes et étranges ». Ce souvenir n'est pas nouveau, il revient très (trop) régulièrement, à tel point qu'elle se plaint de ne pas pouvoir s'en débarrasser. Et pourtant, elle n'a pas cherché à en tirer d'explication, se contentant de ne voir que les évidences concernant ses parents sans tenter ensuite d'en comprendre les effets que cela pouvait avoir sur elle. Du côté maternel, le sexe était sale ; du côté paternel, il était trop explicite. Gabrielle Deckers éprouvait de « l'angoisse devant l'éventualité d'un acte procréateur qu'elle abhorrait ». Et Lucien Deckers tentait de se satisfaire comme il le pouvait. À la recherche de la puissance masculine,

Jeannine s'est clairement identifiée au sexe de son père, alors que celui-ci n'était pas valorisé par le désir de sa mère qui exerçait seule la domination dans le foyer. Une illustration très nette de son complexe de castration.

Dans l'un de ses tout premiers rêves, elle se décrit en train de décocher une flèche qui se fiche dans les organes génitaux d'une statue en bronze. Puis le décor se brouille et elle se rend compte qu'elle a lancé une deuxième flèche qui est arrivée entre les seins d'une femme représentée sur un tableau galant du XVIIe siècle. Et enfin la troisième flèche atterrit au pied d'un crucifix... Un autre rêve lui fait entrevoir un coffret rempli de vipères, vision qu'elle associe au sexe. Le serpent est une métaphore évidente du phallus et manifeste ses aspirations viriles. Comme toujours, ses visions hautement symboliques semblent extrêmement claires. Ses moyens d'expression passeront donc d'abord par la sublimation religieuse, puis par une violence sourde, ainsi qu'une volonté destructrice...

Elle pense à avoir une relation avec un homme. Dans un rêve, elle croise un homme nu qui lui offre des biscuits et des fruits. Ensuite, ils font l'amour. Ce qu'elle l'interprète comme un signe qui ferait tomber la menace masculine : « Il me semble que je redoute moins l'homme comme même érotique, j'y vois plus le compagnon de vie de chaque jour. » Elle se rend d'ailleurs à la piscine dans le but avoué d'apercevoir des corps musclés... Quant à son propre corps, elle veut en prendre soin et se dit fière de sa souplesse et du fait qu'il ne fait pas son âge.

Comme toujours, la première à subir son comportement instable est Annie qui, de son côté, a entamé également des approches thérapeutiques similaires, dont celle du docteur Tomatis. La seule mention qu'en fait Jeannine dans son journal dénote une obsession d'elle-même confondante : « J'aurais dû l'accompagner, cela m'aurait fait rentrer davantage dans l'intelligence de ma thérapie sous oreille. » Elle l'observe toujours avec une certaine distance. Puis, lorsqu'elle sent qu'elle a dépassé les bornes, elle fait des efforts, mais son agressivité reste à fleur de peau... Alors qu'elle a retrouvé un certain apaisement avec leur prière commune, elle supporte mal l'absence d'Annie qui suffit à assombrir « cette joie et cette grande paix intérieures » qui la soutenaient jusque-là. Puis c'est une nouvelle exaspération provoquée par la seule présence de son amie.

Depuis le début de leur vie commune, c'est elle qui décide des règles et Annie obtempère. Celle-ci attend toujours un geste amoureux de Sœur Sourire qui n'est pas encore entrée dans ce type de relation : amitié privilégiée, partage, mais – et cela est confirmé par quelques descriptions beaucoup plus tardives où elle s'est laissée enfin aller à une liaison de cette sorte avec sa compagne – pour l'instant elle a tracé une ligne infranchissable. Annie « est ma petite sœur de choix, élue, choisie pour partager ma vie de consacrée », affirme-t-elle. Et malgré ses crises, leurs sentiments ne cessent de croître « dans l'amour de Jésus », comme elle le prétend. Mais, parallèlement, elle sent le désir d'Annie, facteur de stress supplémentaire pour elle. Elle se place dans une attitude de résistance et de rejet tout en acceptant une certaine forme de tendresse, désincarnée. Par ailleurs, les attaques et les soupçons permanents autour d'elles n'aident en rien.

En 1976, *La Wallonie* publie un grand article sur Sœur Sourire, et entérine à sa manière l'histoire de son nom. Elle y raconte comment son pseudonyme a été trouvé et s'approprie ainsi une autre vérité plus conforme à ce qu'elle veut. Celle d'une religieuse qui, certes, ne souriait pas, mais qui savait provoquer de vrais fous rires au couvent, celle enfin d'une jeune femme dont les blagues puériles et les taquineries amusaient son entourage. Sœur Fou Rire – ce serait devenu alors son surnom – s'est ainsi offert le luxe de se recréer une nouvelle légende. Elle sait qu'elle doit saisir cette liberté, qui lui appartient en propre, celle d'une femme sans cesse en rupture avec son entourage. Mais peut-être tout simplement aussi, au-delà du succès unique de *Dominique*, celle d'une émotion partagée qui défie le temps...

7.

« Quel imbroglio que ma vie actuelle ! »

En mars 1974, Sœur Sourire reçoit une lettre du receveur des contributions de Wavre. Quand elle l'ouvre, elle manque de défaillir devant les chiffres qu'elle voit et le montant délirant qui lui est réclamé : plus de 22 000 euros ! La somme correspondrait à un arriéré d'impôts concernant la période 1968-1969, c'est-à-dire un an de droits d'auteur plus les intérêts qui ont couru depuis les six dernières années : 22 000 euros... inconcevable pour elle. Quand elle était encore religieuse, elle n'était tenue au courant de rien et n'avait rien vu passer de la sorte, puisque le couvent se chargeait de toutes ces démarches. Une fois sortie, elle ne s'était pas rendu compte qu'il lui incombait désormais de s'en occuper. Ignorance, négligence, incapacité, dépression latente... les raisons sont multiples et relèvent principalement de son attitude irresponsable que renforce un rejet général de la vie matérielle.

De son côté, le fisc s'adresse à elle en tant que personne morale – sa signature en faisant foi. L'aubaine est trop belle : Sœur Sourire est connue et le fonctionnaire peut aisément la pointer dans sa ligne de mire.

« Je ne les paierai pas » est sa première exclamation. À ce moment, elle est sûre qu'il y a moyen de s'arranger, qu'elle peut encore obtenir de l'aide des uns et des autres et que ce différend va rapidement se régler. Elle n'a de toute façon aucune idée de ce qu'elle a pu percevoir, l'argent est pour elle une donnée étrangère à ses préoccupations. Toutefois, si les calculs du receveur sont exacts, cela signifie tout de même qu'elle aurait reçu plus de 150 000 euros de droits d'auteurs après avoir quitté le couvent. Qu'est-ce que l'avocat de Fichermont lui a réglé exactement ? Comme investissement réalisé au nom de Jeannine Deckers, il aurait acheté des terrains en Espagne et en Floride, autant de châteaux de sable dont elle ne verra jamais rien de près ou de loin. Le plus curieux est qu'elle ne s'adresse pas à lui, à ce moment-là, afin qu'il apure au moins une partie de ce qui est dû et qu'il l'aide à négocier le reste. Comme il est en même temps l'avocat du couvent, Jeannine ne veut pas entrer en confrontation, même indirecte, avec les sœurs. Dans son premier journal, elle explique qu'elle n'a rien voulu dire de ce qui se tramait quand elle a dû débattre des conditions de sa sortie, mais il a fallu qu'elle s'engage sur un certain nombre de points : abandonner son patronyme et signer un solde de tout compte concernant toute dette à venir avec le fisc. En avait-elle bien compris les enjeux à ce moment-là ?

Dans un article paru après sa mort, les sœurs supérieures ont donné leur point de vue sur la question, en « rompant un silence de vingt ans », comme le fait remarquer le journaliste. La mère des novices, sœur Marie-Michel se justifie sur ce point en particulier : « Pour la période de janvier à juin 1966, nous n'avons pas payé les impôts, car dans le contrat conclu avec Sœur Sourire, Sabam et Polygram, il était stipulé qu'elle nous quitterait le 1er juillet 1966, et qu'à partir de ce moment-là toutes les royalties qui arriveraient en retard, même celles qu'elle avait gagnées en étant religieuse, lui seraient versées directement. Mais nous étions d'accord qu'elle paierait elle-même les impôts sur ces royalties-là. » Il est probable que cela lui a été spécifié, mais quelles étaient ses marges de manœuvre exactes, que savait-elle même de la législation fiscale ? Et pourquoi aurait-il fallu que Sœur Sourire s'acquitte de cette partie qui ne lui incombait pas avant le début du mois de juillet ? La sœur laisse entendre que leur geste était très magnanime, mais l'était-ce vraiment au vu de toutes les sommes antérieures que le couvent n'avait pas hésité à empocher ?

La totale ignorance tout comme l'incompétence de Sœur Sourire se manifestent par la complète désorganisation avec laquelle elle va traiter le problème. Tout ce qu'elle sait faire, c'est mettre de côté ce qui arrive. Si elle exprime quelques craintes, elle ne fait rien, comme si elle était d'avance fascinée par le fiasco qu'elle est sûre d'obtenir avec une quasi-certitude. Annie, toujours présente, mais tout aussi angoissée, n'offre aucune recherche concrète de solutions. Au début, l'une et l'autre s'abritent derrière des promesses de gens qui veulent bien les aider. Le dernier en date est un homme d'affaires qui pense pouvoir résoudre le problème en vendant les fameux terrains d'Espagne. En attendant, Sœur Sourire opte pour un emprunt bancaire, qu'elle prend à hauteur de presque 4 000 euros. Et puis chacune des deux partenaires retourne à sa propre vie, et à leurs sacro-saintes vacances qu'elles commencent à organiser. Du repos, mais aussi du travail pour Annie qui consigne ses expériences professionnelles de kinésithérapeute en vue de la publication d'un livre, tandis que Jeannine avance dans la rédaction de son journal et boucle l'enregistrement de douze nouvelles chansons.

Un premier signe encourageant clignote avec la vente effective de l'un des terrains en question grâce à leur intermédiaire. Le montant est encore loin de couvrir la dette. C'est pourtant suffisant pour leur apparaître comme un début de solution. Il semble que la période d'accalmie se poursuive. La chanteuse a fort à faire avec ses nombreux élèves de musique, elle donne des cours particuliers de guitare chez elle et compte pas moins d'une trentaine d'amateurs. Elle dispense également quelques heures dans une école qui se trouve non loin.

Après quelque temps, elle prend tout de même l'initiative de se rendre à Fichermont pour réclamer aux mères supérieures un certificat qui prouve qu'elle n'a jamais touché quoi que ce soit personnellement. « Et il m'a été accordé alors que deux ans auparavant il avait été refusé. Merci Seigneur », se réjouit-elle avec une certaine candeur. Pourquoi ces attitudes contraires de la part du couvent ? Et pourquoi ne pas avoir accédé à sa première requête ? Toujours dans cette même interview réalisée après le double suicide des deux femmes, les religieuses ont rapporté que la congrégation, qui avait par ailleurs un statut d'ASBL (association sans but lucratif), avait attribué tous ces revenus à des œuvres missionnaires. « De mémoire, je cite : don d'un million aux églises en détresse dans les pays de l'Est, un million pour une station radio missionnaire au Rwanda, un million pour l'achat d'un terrain dans une région missionnaire qui n'avait rien reçu de nous, un million d'aide aux victimes de la guerre du Vietnam, etc. », explique la mère supérieure. Elle poursuit : « La congrégation a reçu environ dix millions de droits d'auteur sur le disque *Dominique.* Sur cette somme, nous avons payé les impôts selon les normes d'imposition qui s'appliquent à une ASBL [1]. » « Nous n'avons rien gardé pour nous », scande la supérieure, Marie-Michel. Au cours de cette réunion tenue en présence de Jean Berlier, l'expert-comptable, l'ami de Sœur

1. Il s'agit de francs belges. Donc, sur les premiers quatre millions évoqués entre autres, cela représente environ 100 000 euros, et sur les dix millions de *Dominique* 250 000 euros.

Sourire et d'Annie, parfaitement au courant du dossier, les sœurs désignent d'autres responsables. Tout d'abord la firme de disques qui touchait des pourcentages énormes, ensuite la Sabam qui payait les royalties avec une certaine irrégularité, et enfin les impôts qui ne faisaient que réclamer encore et encore sans jamais préciser ce qui restait encore à verser après ce qui avait été déjà payé. Trois facteurs certains, mais qui n'enlèvent rien à la cupidité de Fichermont dans la menée de leurs transactions financières. La rigidité, le calcul, le manque de générosité du couvent en composent un tableau assez consternant. Comment, d'un côté, avoir pu jouer un rôle de bienfaisance en distribuant l'argent pour des bonnes œuvres et, de l'autre, avoir purement et simplement anéanti la personne qui était à l'origine de cette manne extraordinaire ? La moindre des choses aurait été de reconnaître le talent et le travail de Sœur Sourire, de contribuer à le nourrir, ce qui aurait pleinement correspondu à l'idéal communautaire tant prôné. Or la sévérité, la distance critique, voire une forme de dédain profond, ont été les seuls modes de communication des religieuses avec la chanteuse.

Son corps va de plus en plus s'imposer et lui dicter de nouvelles lois entre le désir et un besoin de sensualité qu'elle n'a pas tout à fait exploré jusque-là. Le rêve d'un homme se fait de plus en plus pressant, elle l'imagine même précisément, réfléchissant à leurs affinités spirituelles indispensables mais aussi à quoi il devrait ressembler. Des images qu'elle peut associer et mettre à la suite de celles de beaux jeunes gens aperçus à la piscine dont elle a pu contempler l'impétuosité. Survient alors une libération personnelle qu'elle n'avait jamais mentionnée auparavant, elle décrit un acte masturbatoire dont elle découvre les effets libérateurs. « La masturbation m'a longtemps semblé coupable ; je n'arrive pas à me situer en face d'elle, surtout, évidemment, quand j'en suis le sujet. » Ce qui l'a décidée sans doute à s'en ouvrir dans son journal est un texte publié par les Églises protestantes de France, qui déclare que la seule façon pour les célibataires de vivre leur sexualité passe par la masturbation. « Ils sont drôlement larges d'idées, ces protestants, en comparaison des textes catholiques sur la sexualité qui semblent relever d'un autre âge », rend-elle compte avec un certain enthousiasme. À partir de ce moment, elle n'hésitera plus à inscrire ses actes solitaires dans son journal comme s'il s'agissait d'une nécessité intime, jusqu'à les répertorier plusieurs fois par jour. Finalement, elle ne dévie pas de sa recherche de vérité intérieure. La question est plutôt de savoir comment celle qui a eu tant de mal à se débrouiller avec un certain nombre d'évidences dans sa vie quotidienne a pu si facilement échapper à la culpabilité concernant cet aspect de sa vie privée. Elle aurait pu ne pas se confier de cette manière – elle a toujours pensé à son journal comme à un écrit qui serait un jour publié et, avant sa mort, n'a rien expurgé sur ce thème en particulier. La nouvelle Sœur Sourire est dans le dévoilement, la nouvelle Sœur Sourire veut se défaire de cette chape de silence qui l'a étouffée si longtemps.

Puisqu'elle se définit dans ce contexte de la révélation, elle commence alors à défendre son image, plus précisément celle qui a été dénaturée par le couvent. Elle pense tenir une conférence de presse « pour étaler au grand jour les problèmes de Sœur Sourire, le scandale des impôts de Fichermont, pour défendre le statut de Sœur Sourire », annonce-t-elle, scandant comme toujours son nom à plusieurs reprises. Ses intentions sont claires, il s'agit pour elle de se « situer dans un juste milieu », qui se trouverait entre son ancien statut et ce qu'elle est devenue, avec ses « droits à défendre ». Toutefois, elle ne poursuit pas son idée jusqu'au bout. Il semble que ses emportements plus que justifiés par ailleurs ne soient pas pour autant suivis d'effet : il semble en effet qu'elle ait beaucoup de mal à mener ce qu'elle a pourtant décidé elle-même de faire. La vie reprend alors ses droits avec son cortège de difficultés et Sœur Sourire s'enferre une fois de plus dans ses éternelles ornières. Parfois, ce sont de petits signes qui la remettent sur le chemin d'elle-même, notamment quand il lui est donné l'occasion de revenir sur le devant de la scène. Ainsi, elle donne un récital dans une église où elle a la possibilité de vendre à la fin du concert des disques et des exemplaires de son livre. Puis c'est un monastère qui l'invite à chanter, moyennant un dédommagement plus que convenable. Ces petites trouées dans le ciel noir de ses finances désastreuses permettent au moins de régler le tout-venant, à commencer par l'hypothèque de l'appartement qui est due tous les trimestres. En revanche, les paiements souvent différés de la Sabam, la société des auteurs, font que le découvert se creuse à sa banque. Insensible à tous ses arguments, le receveur d'impôts de Wavre ordonne une saisie à la source de ses revenus d'auteur. Elle n'a désormais pour survivre que les revenus d'Annie, ainsi que ses récitals ou ses cours de guitare.

Jean Berlier, l'ami fidèle, a tenté d'analyser cette relation étrange qui s'est nouée entre Sœur Sourire et le receveur de Wavre, une sorte de fascination entre une victime et son bourreau, d'attraction fatale obsédante pour elle, et sans doute pour lui. « Le fisc de Wavre s'est montré intraitable et, selon mon avis, il a pris la chose de manière trop rigide [...] On n'a pas idée du calvaire que Sœur Sourire a vécu suite à la pression psychique inhumaine exercée sur elle par l'administration. Elle était possédée par le fisc », a-t-il confié à un magazine après son suicide. Une véritable tragédie s'est jouée entre celui qui pouvait exercer un pouvoir absolu et celle qui n'avait comme seule arme qu'une relative indifférence à toutes ces questions. Peut-être son détachement apparent a-t-il aiguisé la vindicte du fonctionnaire. Il est sûr qu'il n'a pas ménagé sa peine... Ses coups de boutoir ont été constants. La tactique de l'oubli était presque impossible face à quelqu'un de si tenace. Il brandissait des chiffres qui montraient que, même si le rythme de royalties s'était beaucoup essoufflé les dernières années, entre 1966 et le milieu des années 1970, les revenus de la chanteuse avaient été plus que conséquents. Face à ses assertions, elle n'avait pu que lui répéter que c'était le rôle de son avocat (c'est-à-dire celui du couvent) que de placer cet argent : ce dernier aurait donc acheté des terrains, puis lui aurait donné juste ce qu'il lui fallait pour ses frais de vie courante et aurait suivi sa logique de bonnes œuvres... Le fisc ne pouvait pas comprendre pourquoi et comment aucun document n'attestait ses dires. Quelques années plus tard, en novembre 1977 (on est en 1974) l'avocat est subitement mort sans laisser ni papiers, titres, transactions, dons. Tout s'est envolé, a été perdu, n'a peut être jamais existé... à l'image pitoyable d'entreprises fantômes. Une histoire presque absurde tant elle est rocambolesque.

Entre-temps, Annie n'a pas chômé. En 1976, son ouvrage *Expérience de thérapie psychomotrice individuelle* a été publié chez Masson, en France. Elle s'est lancée dans la création d'un centre pour enfants autistes. Elle a loué une maison qu'elle a appelée Claire-Joie, à l'image de l'espoir qu'elle veut éveiller auprès des familles. Sœur Sourire en est la présidente – il s'agit d'une association –, mais semble bien peu s'y intéresser. Annie est préoccupée par des « soucis d'enfants », dit-elle avec une certaine exaspération. Ses commentaires d'ordre très critique portent plus sur les absences de sa compagne que sur les vertus de son engagement dans le travail. Ce centre qui aura un certain retentissement va durer huit ans. Annie l'a conçu, aménagé et le dirige, entourée de professionnels qu'elle a choisis : psychologues, psychiatres, psychomotriciens... À une période où l'autisme est très peu pris en charge par les structures habituelles, les parents des enfants concernés sont convaincus et la soutiennent grandement dans son projet. Cependant, les difficultés administratives vont là aussi s'accumuler et alourdir la tâche de la jeune femme qui se verra obligée après avoir tout essayé de fermer Claire-Joie. Un autre échec, à l'instar de ceux de Sœur Sourire, comme pour confirmer leur incapacité dans tous les domaines. Pour elles qui ont pourtant mené à bien de vraies réalisations, c'est sans doute cela le plus injuste dans l'histoire de leurs deux vies...

L'acharnement continue sans que l'ex-religieuse ne sache jamais d'où viennent les flèches. Quand elle reçoit l'annonce de la saisie à la source de ses droits d'auteur, le receveur renvoie la responsabilité sur le ministère, lequel en retour se décharge sur l'administration des impôts... Elle ne peut rien faire alors qu'elle n'est portée que par une idée en tête, ruer dans les brancards et porter les faits devant la justice, notamment en ce qui concerne la responsabilité du couvent. « Il y a toute la distance que l'on trouve entre les "valeurs" religieuses-évangéliques et les "valeurs" du monde... or je vis actuellement dans le monde, je dois défendre ma peau avec les moyens de ce monde », analyse-t-elle. Ses propos sont bien le reflet de ce qu'elle vit, une attaque directe qui risque à tout moment de la faire complètement chuter.

Sa frustration se retourne alors contre elle-même. Récemment, elle a commencé un cycle boulimique assez sévère. Elle n'aime pas manger outre mesure, déteste grossir, hait par-dessus tout se voir devenir la proie d'une habitude. Et les listes des aliments qu'elle avale s'allongent. En une fois, elle note avoir englouti un cake aux cerises, du whiskey à la framboise, des glaces et quantité de galettes au chocolat. Car, l'alcool est également de la partie, apéritifs, liqueur... tout y passe. L'écœurement qu'elle éprouve est à la mesure de ces quantités ingurgitées. Dans ces moments, elle agit comme si elle était absente à elle-même et cherche uniquement à s'anesthésier. Au moins, ce qu'elle absorbe agit comme une protection contre le monde et elle-même, comme des couches qui s'empilent et, en l'enveloppant, la détournent de l'extérieur. Sa souffrance, sa honte, ses doutes s'apaisent peu à peu, tout comme ses pulsions sexuelles. De temps en temps, le rappel à la réalité surgit à nouveau, et si ces crises frénétiques l'inquiètent, elles font taire la douleur tapie en elle. Plusieurs fois, elle cherche à analyser son comportement, d'autant qu'elle y aperçoit un mécanisme répétitif assez clair. « Je me demande si mon besoin de manger n'est pas lié à mon inconscient désir sexuel : recrudescence, depuis jeudi, de la masturbation ; mais si je me masturbe, j'ai moins envie ou besoin de manger ; or la masturbation, jusqu'ici, n'entraîne pas de supplément de poids. Je la préfère donc à la faim. » Comme toujours, sa lucidité et son honnêteté sont émouvantes. Mais elle a beau écrire ses réflexions, les retourner dans tous les sens, le plus souvent son journal indique qu'elle a rechuté et qu'elle a encore englouti tout ce qui lui est tombé sous la main. Elle emploie d'ailleurs elle-même le terme de compensation : pour se consoler de ce qui la heurte ou la dérange, quand elle est seule, quand elle est énervée... Un retour direct aux sensations de l'enfance, celles de la froideur familiale et des friandises qu'elle dévorait alors pour la contrer, du moins pour l'atténuer.

De nouveau s'impose à elle ce rapport entre la nourriture et le sexe. Ainsi, elle note qu'elle aime mordre dans des bananes froides. « Faut-il prendre au sérieux ce symbole [...] Mystère. Je sens confusément que pour moi table et sexe sont liés, mais en quoi ? » Elle a d'elle-même relevé et corrigé la faute d'orthographe initiale qu'elle avait faite en écrivant « table est sexe », comme si elle donnait la réponse que sa raison gomme ensuite légèrement.

Annie, qui exerce un certain contrôle sur elle, la convainc de se mettre au régime et de faire attention. Mais cela peut tout autant se retourner contre elle, car Sœur Sourire s'exaspère devant l'expression de cette sollicitude un peu trop directive. « Pensez donc que cette dernière m'oblige, le vendredi de chaque semaine, à me nourrir d'endives et d'un steak, sans sauce comme dans un couvent », s'exclame-t-elle. Plus que le choix des aliments, c'est le lien avec son ancienne vie qui s'impose tout à coup à elle et lui est intolérable. Et puis Annie bannit tout ce qui est de l'ordre du plaisir, comme les glaces, le sucré, qui sont pourtant un rappel direct de son enfance, pour mettre en avant les règles des adultes qui n'ont rien d'amusant.

Plus Jeannine dévore, plus Annie maigrit. Cette fois encore, leurs comportements s'inversent. La jeune femme qui subit les reproches permanents, les fureurs et les malaises de sa compagne doit en outre affronter sa voix pâteuse quand elle a trop bu et les effets délétères qui suivent le lendemain : crise de foie, maux de tête et un état général plutôt chancelant. Sans compter les crises de larmes, des heures durant. Comme unique recours, Sœur Sourire ne sait que prendre des médicaments, qui engendrent ensuite d'autres troubles. L'époque n'a pas encore banni les amphétamines que l'on prescrit aisément, notamment pour calmer la faim et favoriser la perte de poids. Sœur Sourire va en subir les effets indésirables : irritabilité et excitation mal contrôlée. Ce qui ne l'empêche pas de devenir de plus en plus dépendante de ce ballet quotidien de pilules de toutes sortes.

Sa haine peut se retourner contre toute personne qu'elle aperçoit. Elle fait alors preuve d'une imagination particulièrement fertile dans l'évocation débridée d'images brutales et inhumaines. Elle a des fantasmes de violence où elle se voit mutiler des corps. Ces visions surviennent alors qu'elle est à la piscine en train de contempler des jeunes garçons et des jeunes filles qu'elle désire tout d'abord dessiner. Puis lentement monte en elle un déchaînement d'agressivité. « Cela me donne envie de guerroyer. Contre tout le monde. J'ai envie de trancher des têtes, de tuer, d'agresser tout et tout le monde ; sans aucun scrupule d'ordre religieux, aucun ! Un peu comme si je voulais me mettre à la place de cette société traditionaliste, l'enterrer, la vaincre, avec sa justice, ses autorités, ses droits, ses obligations, ses modes. » Et elle conclut sur l'impossibilité pour elle de voir des « nonnettes », de même que des enfants, des vieux... Elle a déclaré la guerre à la terre entière, et surtout aux règles édictées. Sa rupture si difficile avec le couvent tout comme ses échecs l'enserrent dans une gangue dont elle ne peut que déchirer les bords sous peine de rester coincée. Curieusement, ses assauts de fureur ne l'inquiètent pas outre mesure. Elle les consigne presque froidement, les prend en compte comme elle le fait pour tout le reste, puis absorbe des tranquillisants. Ainsi elle sait qu'elle endigue toutes ses poussées vindicatives. En fait, ce qu'elle perçoit toujours est sa différence qui la repousse vers l'extérieur et lui interdit l'accès à une certaine normalité. « Je sens que je n'ai pas "droit" à toute cette vie », indique-t-elle. « Toute cette vie », ce sont les passants, les gens, ceux qui sont bien habillés, qui paraissent sûrs d'eux ou conquérants... tout ce qu'elle aperçoit et qui lui reste étranger, fermé. « J'en crève ! » s'écrie-t-elle.

Et les conseils avisés et aimants d'Annie, sa simple présence peuvent devenir inquisiteurs, à l'image du monde refoulé et hostile qui l'entoure. Il ne lui reste alors que ce qu'elle a à portée de main : la nourriture, l'alcool et les médicaments, tout ce qui crée un écran et lui permet un instant au moins de reprendre son souffle.

8.

« Mais que tout cela est difficile à vivre ! »

« Écrit au Roi pour obtenir une audience chez lui, pour partager nos problèmes fiscaux inextricables. Je crois que dans sa bonté, il pourra faire quelque chose pour nous. Attendons réponse », note-t-elle. Que faire, vers qui se tourner ? Alerter l'opinion, prendre la parole, mais comment ? Elle devrait bien parvenir à alerter le public sur l'implacable procédure fiscale qui a été engagée contre elle... Comment peut-elle pourfendre en retour et surtout comment arrêter cette machine ? Elle veut tout d'abord s'attaquer au couvent. Mais son avocat la détourne de cette idée en raison de l'accord qu'elle a signé principalement parce qu'elle a repris son pseudonyme alors qu'elle n'en avait pas le droit. Il considère que rien de tout cela ne peut jouer en sa faveur. « Signer les papiers qu'on m'a demandé de signer, c'est un peu comme si on demandait à un enfant de sept ans, juste en âge d'écrire son nom, de signer un acte engageant son avenir », reconnaît-elle en pointant une fois de plus la manipulation exercée à son endroit. Ce n'est pas la première fois qu'elle trace un parallèle entre le couvent et sa déresponsabilisation, entre ce destin qu'elle a remis entre des mains qui n'ont pas été bienveillantes et sa volonté d'impulser un nouveau cours plus favorable à sa vie. L'avocat, sur ses instances répétées, intente alors un procès contre l'État afin de dénoncer les sommes dues au fisc. Le dossier ne tient pas et vole en éclats : elle perd. Avec le sentiment désagréable que son combat est trop inégal et ne pourra jamais aboutir. Il ne lui reste que la frustration, la colère et le chagrin...

Un article publié dans *Pourquoi Pas*, un magazine très lu, où elle tente cette fois de communiquer sur ses problèmes financiers, sert pourtant de déclencheur. L'idée est non seulement de sensibiliser le public, mais aussi de provoquer une collecte populaire. Le plus prompt à réagir est, de manière assez inattendue... le fisc qui consent un nouveau délai d'un an pour la dette, écartant ainsi les menaces de séquestre. La saisie sur ses droits d'auteur est levée pour un montant d'environ

2 000 euros. Apparemment, ce serait plutôt positif. D'autant que d'autres articles continuent de paraître et décrivent sa situation lamentable. Sœur Sourire ne cesse d'expliquer qu'elle n'a pas touché l'argent pour lequel on lui demande des comptes, raconte l'histoire invraisemblable de la disparition de l'avocat du couvent qui n'a rien laissé derrière lui, se défend comme elle peut. Elle est de bonne foi, le tout laisse transparaître une certaine naïveté, voire quelques paradoxes, mais comment ne pas la croire ? Il aurait fallu qu'elle soit machiavélique pour échafauder un scénario de cette complexité et que, de plus, son train de vie ait été très dispendieux. Or ceux qui l'ont approchée ont vu sa véritable ingénuité ainsi qu'une simplicité qui n'était pas feinte et corroborée par un style de vie assez modeste. Tout au plus pourrait-on lui reprocher l'inconséquence de ses vacances estivales annuelles...

L'article en question en a provoqué d'autres, et il est bientôt question de venir en aide à l'auteur de *Dominique, nique, nique*. Mais tout s'arrête très vite. « J'espérais que le mouvement de presse provoquerait des dons spontanés, je ne sais, une aide pour apurer ce million de francs [1] que nous devons

1. Il s'agit de francs belges, ce qui équivaut à environ 125 000 euros. Le premier montant représente 25 000 euros,

en plus des quatre millions d'impôts. Triste », se désole-t-elle. Sœur Sourire, qui a vraiment pensé que son « problème » pourrait être réglé comme par un coup de baguette magique, en veut presque aux journalistes qui lui auraient donné de faux espoirs. Grâce à elle, ils vendent du papier et elle n'en retire rien. « Moi, je reste dans ma merde... et j'en ai ras le bol [...] », s'emporte-t-elle.

Alors, frénétiquement, comme tout ce qu'elle entreprend, elle cherche du travail. Elle refuse toutefois une place de démonstratrice en produits de beauté et d'hygiène : « Je crois que j'ai failli me moquer », résume-t-elle quand elle évoque la proposition qui lui a été faite. Malgré son besoin pressant, elle ne se voit pas vanter les mérites d'un déodorant ou d'une crème pour les mains à des femmes oisives. De toute façon, elle n'aurait pas été très crédible dans la promotion de ces produits. Elle propose ensuite ses services à une agence d'intérim, tente de postuler pour un job de secrétaire, d'hôtesse d'accueil, tout en essayant de suggérer ici et là l'idée de concerts dans des églises. Évidemment, elle reconnaît dans son journal qu'elle préférerait chanter et composer de la

---

le deuxième 100 000 euros. Le montant est alourdi par les intérêts.

musique plutôt que faire n'importe quoi d'autre qui l'ennuie à l'avance. Tout est à désespérer, d'autant que ses fameuses migraines ne la lâchent pas et que ses derniers disques ne se sont pas vraiment vendus. Elle rajoute à cette longue liste de difficultés ses kilos qui s'additionnent et le spectre des régimes qu'elle ne peut pas vraiment suivre car ils coûtent cher.

Comment faire face au quotidien, avec quoi payer ne serait-ce que la nourriture ? Leurs poches sont vides et les perspectives de s'en sortir s'amenuisent. Comme souvent dans ces périodes noires survient une petite lumière : un 33 tours de chansons pour enfants chez Hebra est enregistré, ainsi qu'un 45 tours pour adultes dont elle doit aussi réaliser les pochettes. Alors, l'inspiration revient, elle se remet à écrire. Dans une chanson ancienne, elle décrivait des sensations analogues :

Une femme en son milieu
Questionne sa destinée
Et pourquoi elle est née
Loin des hommes et de Dieu.
Une femme en son milieu
Crie sa faim de soleil
Comme la rose qui sommeille
Et pleure loin des cieux.

Au fil des années, son inspiration a finalement peu varié, elle a exprimé des sentiments assez constants sur ses désirs et ses tiraillements.

Heureusement, d'une certaine manière, Annie est souvent absente. Car, quand elle est là, les dissensions deviennent très fortes entre elles deux. « J'ai envie d'être seule, seule, seule ; même Annie m'énerve, qui ne cesse de parler de ses gosses, de ses problèmes de Claire-Joie. » Elle n'a aucun désir de partager les interrogations et les difficultés que sa compagne rencontre dans son quotidien professionnel. D'ailleurs elle va jusqu'à penser que ses préoccupations personnelles d'artiste sont largement supérieures : « Pas moyen de placer un mot sur la guitare, les cours, le dessin, non, il y a Claire-Joie, n'est-ce pas ! Tous ces soucis d'enfants ne prévalent-ils pas en eux-mêmes sur des soucis d'artistes ? ? ? » Cette rivalité avec les enfants revient d'une manière presque obsessionnelle. Elle aurait pu choisir de s'investir et d'aider le centre par ses chants, mais elle n'y parvient pas et s'entête contre ce qu'elle perçoit comme contraire à son propre développement. Il est vrai qu'elle n'a cessé de répéter que les enfants l'exaspèrent, ce qu'elle relie plus ou moins justement à ses propres problèmes. Comme si elle voulait se placer sur ce même plan affectif, dans une demande constante vis-à-vis des autres et sans jamais leur accorder d'attention. Et pourtant, un jeune garçon va forcer sa porte, et gagner son affection. Au milieu des années 1970, le petit est venu pour la première fois préparer sa communion solennelle avec Sœur Sourire. À cette époque, il y avait de quoi être impressionné par cette femme qui avait été célèbre et que tout le monde semblait encore reconnaître et admirer. Petit à petit, le jeune garçon s'est enhardi et il est venu régulièrement rendre visite aux deux femmes qui l'ont reçu avec gentillesse et affection. Sœur Sourire, qui affirme souvent dans son journal que les gosses lui sont désagréables par définition, qu'elle ne peut supporter – et encore – que les adolescents, donne là un exemple de ses paradoxes. Devenu grand, il restera un ami proche du couple de femmes, aura même la clé de leur appartement et sera très saisi quand il apprendra l'affreuse nouvelle de leur disparition.

« Non, il faut là aussi réclamer de l'argent, de l'argent, de l'argent toujours et toujours de l'argent ! J'en ai marre. Marre au fond de cette société de consommation où l'argent est devenu valeur en soi... c'est dégueulasse en fait, mais qu'y faire ; il faut bien vivre et vivre les pieds sur terre exige qu'on ait un minimum d'argent », s'emporte-t-elle une fois de plus. Indignée, irascible, emportée, elle ne peut ralentir la machine. Elle s'inquiète de comprendre pourquoi elle ressent en elle ce besoin d'être si belliqueuse, mais tous les jours lui apportent l'explication de ses colères. « Ces problèmes d'argent me rendent le cœur âpre... toujours l'argent, l'argent pour ceci, l'argent pour cela, la course après l'argent. » Emprunter à l'un pour régler l'autre, veiller aux échéances du crédit sur l'appartement, ne jamais savoir ce qui va encore arriver tomber... Des solutions existent-elles encore ?

L'avocat se lance sur plusieurs pistes, faire payer ses droits d'auteur à l'étranger, placer l'appartement au nom d'Annie... rien de concret ne parvient à en sortir qui pourrait être envisageable. La panique folle, sournoise ne quitte pas l'ex-religieuse.

Alors, les larmes l'envahissent à nouveau, suivies par l'absorption de calmants, de médicaments antidouleur mélangés à diverses nourritures, tout ce qui lui tombe sous la main. En faisant le décompte, elle note un jour qu'elle a avalé au moins une vingtaine de cachets. De même, elle inscrit presque méthodiquement le nombre de ses masturbations : « Quatre ou cinq masturbations pour exprimer la joie de mon corps et de mon esprit tout à coup réconciliés, eux aussi. » Mais ces pratiques qui peuvent se répéter jusqu'à une dizaine de fois par jour ne lui procurent pas toujours autant de sérénité. Les réveils sont parfois tristes, les journées interminables. Ses lignes sont décousues et oscillent entre extase religieuse, provocation et excès. Dans son curriculum vitæ, elle n'hésite pourtant pas à faire part de récitals, de télés et de radios, enfin d'articles de presse « divers et flatteurs ». Son rapport à la réalité est de plus en plus fluctuant.

Par le biais d'un avocat qui va également se charger de leur dossier, Annie a rencontré un expert-comptable, Jean Berlier. Grâce à la présence amicale de ce dernier, l'espoir renaît enfin. Petit à petit, Sœur Sourire lui remet tous ses documents afin de rendre son dossier si touffu un peu plus intelligible. « Je vous saurais gré de considérer la présente lettre avec intérêt et en cherchant une solution concrète », lui écrit-elle sans ambages. Jean Berlier est bienveillant et cherche à démêler cet écheveau si compliqué. Elle voudrait tout lui confier, ses problèmes avec le fisc, mais aussi ses projets de carrière, car apparemment l'expert-comptable compte des relations dans le milieu musical. C'est presque trop beau, d'autant qu'il est véritablement indigné par la situation invraisemblable dans laquelle elle se trouve, il se met au travail, mais très vite l'une des procédures qu'il élabore avec un ami avocat se heurte au refus de l'ex-religieuse. Selon toute logique, il veut intenter un procès contre Fichermont qui s'est enrichi indûment. Mais alors qu'elle rêvait d'en découdre il n'y a pas si longtemps, cette fois-ci elle renonce. « Je suis consciente du fait que cette sensation d'aggravation de ma situation doit avoir partie liée avec un lointain passé indécodable ; enfin j'encaisse », indique-t-elle. Dès que des négociations se mettent en place, elle a tendance à tout rejeter en bloc. Il semblerait que l'avocat du couvent réclame, au-delà de toute considération financière, des conditions plus symboliques pour elle, notamment ne plus utiliser son pseudonyme de Sœur Sourire, ne plus prétendre être dominicaine. Définitivement impossible pour elle, ce serait comme un abandon de sa personne.

Toujours tiraillée par son corps, elle reprend les cours d'aïkido. Les exercices lui font du bien, comme si les années n'avaient pas de prise sur elle. Après qu'un diagnostic a été établi pour ses migraines – il s'agirait d'une arthrose des cervicales –, elle se fait traiter par une kiné. Un jour où celle-ci vient la manipuler, elle ne garde que ses sous-vêtements et prend un certain plaisir à s'exhiber ainsi presque nue. « J'étais aussi très fière de me montrer ainsi devant elle comme une espèce de besoin de dire que je ne suis pas vieille, que j'ai un beau corps musclé et souple ; pourquoi le cacher ? » En revanche, elle indique qu'elle ne se déshabille jamais devant Annie que cela « énerve » et « attriste ». Elle se situe donc toujours dans cette même attitude de refus face au désir de sa compagne et cherche encore, en dépit de ou grâce à ses pratiques masturbatoires, à maintenir son vœu de chasteté intact. Peu de temps après, pourtant, elle fait la rencontre d'un homme avec lequel elle tente une aventure. C'est finalement lui qui ne parvient pas à lui prouver son ardeur. Après ce qu'elle décrit comme la manifestation d'une « intimité joyeuse », elle ne peut que se désespérer de ce « ratage » qu'elle n'avait évidemment pas envisagé comme possible. Un an plus tard, elle sera amenée à croiser la femme de ce dernier qui lui racontera qu'à force de prières il serait devenu complètement impuissant. Cette anecdote est assez étrange, on imagine mal comment les deux femmes en seraient venues à cet échange très privé, peut-être à mots couverts, mais suffisamment explicites tout de même. Sœur Sourire se sent rassurée et se persuade que le problème n'est pas lié à une quelconque « frigidité » de sa part. Son journal est constamment émaillé de réflexions sur le sexe, sur les conflits que ce manque engendre. Jamais éloigné pour elle de sa démarche religieuse – en cela, elle refuse toute hypocrisie. Ainsi, elle évoque la virginité de Marie à laquelle elle reconnaît avoir peine à croire, « et cela n'entame pas [s]a foi ». L'absence de sexe est désormais pointée comme une souffrance que seule la masturbation peut calmer, « comme une sorte d'hygiène pour [s]'en sortir de temps à autre, comme un bol d'air frais qu'on s'autorise enfin à respirer d'un grand coup ». Dans les écrits religieux, elle tente de trouver quelque chose qui s'apparenterait à ce qu'elle partage avec Annie, une vie de consacrée à deux sans lien physique, mais avec un engagement émotionnel. « Et merde pour ce que cette précision aurait, aux yeux des moralistes soupçonneux, de relent *homosexuel* ». Le mot même est problématique, chaque fois qu'elle le formule elle le souligne ou y joint une provocation. Ce n'est jamais une évidence pour elle.

Coupable face à cette relation bancale, elle cherche à faire plaisir différemment à sa compagne. Ainsi, un jour, elle lui prépare des crêpes – ce qui est inhabituel car elle n'aime pas faire la cuisine – et toutes deux passent une excellente soirée où la tendresse entre elles deux parvient à s'exprimer. Même si Sœur Sourire sent qu'Annie aurait désiré encore autre chose. Au moins ont-elles repassé la barre d'une bonne entente, ce qui avait été assez rare entre elles deux ces derniers temps.

Le besoin d'un homme la taraude toujours autant. « Envie de rencontrer Pierre, Paul ou Jacques, tous mes hommes, copains plus ou moins proches, mais dont je sens aujourd'hui qu'ils sont le signe d'autre chose, je ne sais pas... » Elle poursuit de manière plus précise en indiquant qu'elle devrait aller directement « jusqu'au bout de la relation, jusqu'au bout du génital exprimé ». Son recours à des termes plus psychologisants ne masque en rien sa libido. Elle se vit seule, vierge, avec des pulsions difficilement contrôlables, alors que ses rêves sont peuplés d'hommes, ceux qu'elle connaît et ceux qu'elle imagine. Ses adresses à

Dieu toujours aussi fréquentes manifestent une irritation qu'elle peine à endiguer. Elle veut se tourner vers un mode de relation qui exclurait les femmes qui l'horripilent, et ne privilégier que les hommes. « Un peu comme si la découverte d'un nouveau type de relation masculine relativisait ou dévalorisait mes relations féminines. » Mais cela se passe surtout dans ses rêves. Un jour, elle est très émue car elle a la vision d'un prêtre américain qui caresse les personnes de son groupe de prière, dans une « sorte d'extase religieuse-amoureuse », et surtout dans une sensualité apparemment merveilleuse. Il s'appelle Dave, elle le décrit physiquement et dépeint également l'effet qu'il produit sur les autres femmes. Dans un autre rêve, elle finit par vivre elle-même une sorte de relation très libérée avec lui. Cette fois au moins, même dans le cadre d'un fantasme exprimé, elle se sent en sécurité et parle de partage « transcendé ».

Mais au quotidien, lorsqu'Annie rentre le soir, elle la trouve titubante, les yeux écarquillés et la diction pâteuse. A-t-elle bu, a-t-elle pris trop de pilules ? Va-t-elle s'énerver, la repousser, la supplier... ? Les relations entre les deux femmes se détériorent un peu plus, l'une pleure, l'autre tempête, l'une menace, l'autre se défend tant bien que mal. Le dialogue leur est de plus en plus impossible. Seuls les week-ends leur permettent d'échapper à leur enfermement obsédant. Parfois, ce sont des retraites où le calme revient avec la prière partagée, mais plus récemment ce sont aussi de grandes marches effectuées au sein de groupes de scouts où elles peuvent renouer avec leurs souvenirs d'adolescentes. Elles reviennent chaque fois décidées à changer les choses, à repartir dans l'affection et le respect de l'autre.

Puis insensiblement se répète la même histoire, le manque d'argent, les retards de paiements notamment pour le prêt hypothécaire, les menaces de saisie... et c'est reparti pour un tour ! Elle a encore quelques propositions professionnelles de concerts en salles, que cette femme autrefois si mal à l'aise en public accueille désormais avec la plus grande joie. Ce sont des moments de bonheur absolu où elle parvient à s'extirper d'elle-même et à être devant les autres LA Sœur Sourire qu'elle a tant voulu être.

Ses psychothérapies qui lui donnent parfois le sentiment d'avancer et de mieux se comprendre la replongent aussi dans le courant du malheur. Ne pas sortir de ses éternelles obsessions qui n'ont pas l'air d'évoluer est finalement très décourageant. Les constats ne varient pas et le déchirement est le même. « Oui, je sais que je joue avec le feu. Mais qu'y faire ? » Après une période d'interruption, elle se lance dans une autre thérapie, le Rebirth. Outre la possibilité immédiate de revivre sa naissance, il s'agit d'une technique très précise sur la respiration et sur l'oxygénation. Grâce à l'énergie du souffle, le corps parvient à retrouver une réalité ancienne enfouie et à impulser un schéma nouveau qui se débarrasse des frustrations et des traumatismes accumulés. À la recherche des « voies de l'émotion », la méthode a fait ses preuves. La première séance semble ouvrir des sensations fortes chez elle : d'abord négatives, celles de la fuite, de la peur, puis lentement se faufile ce qu'elle perçoit comme son désir d'amour et de reconnaissance. Mais quelques jours plus tard, les anciennes tensions sont de retour, et avec elles les remèdes médicamenteux. C'est après l'une de ces journées qu'elle prend conscience ce qu'elle avale : différentes sortes de pilules à plusieurs reprises, avec un total de vingt-quatre en un jour. Quand elle y réfléchit, elle est choquée, mais reconnaît que sans cela elle ne pourrait pas affronter ses journées. De cette façon, un relatif détachement de la dureté du quotidien est garanti. Mais à quel prix ? Elle voit bien que ses doses augmentent, qu'elle n'a plus aucun contrôle sur elle. Pour se sentir à peu près normale, il lui faut assommer tout ce qui la poursuit et la tenaille.

Entre-temps, grâce à son réseau, Jean Berlier lui a trouvé un certain nombre d'opportunités. Deux émissions à la télévision où elle se montre tétanisée, absente, pour ne pas dire brusque. Complètement ailleurs, elle renvoie un portrait d'elle-même pour le moins démotivé. Les propositions continuent pourtant, et c'est ainsi que Sœur Sourire fait la connaissance, en mars 1980, d'un musicien qui pense que *Dominique, nique, nique* pourrait être mis au goût du jour avec une version électronique. Sœur Sourire à la mode grâce au synthé, et sa chanson phare qui redeviendrait un tube dix-neuf ans plus tard... le projet est plutôt osé, mais pourquoi pas ? Elle se prend à y croire et, pour se préparer à l'enregistrement, se fait couper les cheveux qu'elle teint en blond pâle. Elle opte également pour de nouvelles lunettes, beaucoup plus fines. Elle doit se moderniser et inventer une nouvelle Sœur Sourire dans l'air du temps. Sa tenue prend donc le même chemin : tunique blanche brodée avec des motifs dorés autour du cou, pantalon blanc serré... elle suit une sorte de vogue post-hippie, finalement assez cohérente avec ce qu'elle chante. Après le travail en studio, elle est très satisfaite et écrit que « c'est beau, très beau ». En vérité, elle n'a plus sa voix d'avant, ce timbre si cristallin qui donnait une impression de pureté est devenu un filet de voix. Elle a du mal à se distinguer au-dessus des instruments. Cette aventure qui semblait si bien partie et si pleine de promesses bute déjà sur des problèmes de production et va malheureusement être mise de côté pendant plus d'un an.

Le désespoir refait surface. Un jour de découragement plus fort qu'un autre, elle pense à en finir. « Ce qu'il y a de certain c'est que si je veux me suicider un jour, ce sera aux barbituriques alliés à l'alcool. Triste à crever. J'ai doublé ma dose de médicaments pour dormir, et là-dessus, trois verres d'Izarra, liqueur forte à 45°. J'attends l'effet sédatif en forte dose. C'est trop, c'est trop. » Le mot « crever » revient souvent sous sa plume, comme une sommation qu'elle ne peut plus ignorer. Illusion contre panique, l'équilibre est extrêmement instable et menace sans cesse de rompre. Il suffit pourtant d'un chèque de la Sabam qui n'est pas prélevé directement par les impôts, pour que la vie retrouve un élan merveilleux. Elle se décide à reprendre la peinture, soudainement elle croit maîtriser son destin.

Puis, à la rentrée, deux postes d'enseignement religieux temporaires se libèrent et la mènent dans deux écoles à Bruxelles : une école communale mixte et un établissement spécialisé pour des jeunes en difficulté. Elle se sent immédiatement attirée par ces gamins turbulents, tandis qu'elle éprouve plus de mal avec ses collègues. Très vite, elle rationalise à sa manière et se rend compte qu'elle a les plus grandes difficultés avec les professeurs femmes. « Toutes ces femmes ! Quelle engeance, quel milieu de vipères ! » Elle va même un peu plus loin en signifiant qu'elle ne peut s'affilier à ce groupe, qu'il n'y a de toute façon que les hommes avec lesquels elle peut avoir une relation aisée. Curieuse vision chez elle que cet acharnement à balancer sans cesse entre les deux sexes et à penser qu'elle doit choisir l'un *contre* l'autre, comme si dès lors toute mixité lui était impossible. N'est-ce pas une autre expression de sa préférence affirmée pour les noms masculins qu'elle s'est donnés à plusieurs reprises ?

Puis la vie lui amène un autre cadeau. Au monastère de Clerlande où elle se rend de temps à autre, elle fait la connaissance d'un prêtre écrivain, Jean-Yves Quellec, qu'elle trouve formidablement ouvert et intéressant. Ils vont débuter une longue correspondance qui ne sera interrompue que par le suicide de Sœur Sourire. En lui vont se cristalliser les qualités du véritable ami qu'elle aura tant souhaité avoir. Car il lui faut quelqu'un qu'elle puisse admirer et en même temps dans lequel elle puisse avoir confiance. En outre, l'intérêt religieux les réunit.

Annie est souvent absente, elle voyage pour son centre et déploie une grande activité ; alors, ces jours où Sœur Sourire traîne seule dans l'appartement, les démons la reprennent. « Annie m'a quittée vers 18 heures. Éperdument j'ai bu trois verres de Martini avec un calmant, deux tranches de hollande, deux filets d'Anvers, un yoghourt, une mousse au chocolat, deux bananes, une poire, des biscuits salés, du lait écrémé... » Elle explique ensuite que tout cela a fini par la fatiguer, qu'une sieste a forcément suivi et qu'elle n'a donc pas répondu au téléphone qui sonnait. Écœurement, indifférence au monde et désir d'en finir tissent son quotidien. Les seuls antidotes sont les récitals qui la remotivent et lui font oublier tous ses maux. Récemment, elle a elle-même organisé un concert avec les élèves de son cours de guitare. Une émission de télévision les montre travaillant ensemble : Guitaralia, c'est le nom donné à la manifestation qui met en avant le fil commun de l'amour de la musique avec le partage entre les uns et les autres.

Comme de petits miracles, son journal est ponctué de pauses où le plaisir est l'un des maîtres mots : lectures, discussions, chants, affection pour les uns et pour les autres, mais quand elle est à nouveau seule, le mur de sa tristesse se dresse à nouveau et l'enserre. Que pourrait-elle attendre de toute façon ? Ses souhaits se heurtent sans cesse à des contingences matérielles pénibles et indépassables. « Et moi je suis perdue dans ce flot de misère humaine générale. Et voilà tout », résume-t-elle. Que pourrait-elle dire d'autre ?

L'arrêt de ses cours de remplacement la démoralise un peu plus, même s'ils étaient loin de la satisfaire. Cette fois, elle ne peut éviter de pointer au chômage. Au début, elle a juste peur que cela n'interfère avec ses horaires de rendez-vous thérapeutiques, mais ensuite elle supporte de plus en plus mal la confrontation avec d'autres misères. Les files d'attente, les employés devant lesquels il faut s'expliquer pour toucher une somme de toute façon insuffisante et qui ne règle ni ses dettes fiscales ni les autres lui sont une torture. Dans son journal, elle répète à l'infini : « besoin de pleurer, pleurer, pleurer... », puis : « j'en ai marre, marre, marre ». Le compte à rebours a vraiment commencé.

9.

« C'est cela le suicide, ne pas croire »

Les étés ont toujours permis aux deux femmes de se retrouver véritablement. En juillet 1981, Sœur Sourire en profite pour réfléchir une fois de plus sur la nature de leur relation. « Voilà dix ans et plus, cette amitié s'exprimait de manière quasi sexuelle, et maintenant il en subsiste une immense tendresse, une connivence amoureuse *relaxe* et désexualisée, grâce à Dieu. » Il faut toujours savoir se frayer un passage entre ses différentes expressions. Ce qu'elle parvient en revanche toujours à faire passer, au-delà de toutes ses affirmations, ses justifications, ses agacements face aux malentendus extérieurs est sa volonté farouche de susciter autre chose qui échappe à la terminologie habituelle. En ce qui concerne leur vie privée, elle a précisé maintes fois qu'il n'y avait jamais eu de relation sexuelle entre elles. Elle ne cesse d'énumérer leurs différences dans leur manière d'être, et va créer de nouvelles expressions afin d'être au plus près de ce qui les caractérise. Et s'amuse parfois des mots qu'elle emploie pour définir leur intimité : « Annie et moi, une énorme affection *incorporéisée* – quel langage – mais aussi un énorme respect de l'autre en sa sexualité personnelle, pas de rapports sexuels comme tels : la *tendresse gestualisée* serait-elle exclusivement réservée aux gens maritalement reconnus » ? Elle fera toujours référence à l'attachement indéfectible d'Annie, à son appui permanent malgré tous ses débordements, sans lequel elle n'aurait pas pu vivre. Ce n'est qu'en 1984 qu'elle racontera de manière explicite l'amour physique vécu cette fois pleinement avec sa compagne. Très vraisemblablement, ce n'est arrivé qu'assez tardivement.

De la même manière, elle a appelé de ses vœux, dans son journal, un rapport sexuel avec un homme. Avec certains d'entre eux, elle a tenté aussi d'autres modes de relation, même si cela a pu tourner court. « Tu m'as répondu sur le ton des convenances. Je me fous des convenances si elles ne servent qu'à dresser des barrières de bons sentiments entre les gens, si elles ne servent qu'à se protéger de l'amour-amitié des autres », écrit-elle ainsi avec emportement à celui qui semble la freiner dans ses avancées. « Amour-amitié », voilà bien l'idéal d'un terme mixte qu'elle aura tenté de développer dès sa jeunesse et tout au long de sa vie.

Les épisodes masturbatoires continuent. Ils sont « vécus comme une fête » et leur nombre journalier augmente. Le dernier travail thérapeutique entamé, la Gestalt-thérapie, lui donne l'occasion de constater une « merveilleuse libération » : « une sorte de nouveau dégel, de printemps avant terme, de tripes qui chantent, vibrent, dansent, s'émeuvent, peignent, d'un corps rendu à sa joie d'exister... » En 1984, elle évoque en un après-midi une quinzaine d'orgasmes qu'elle ne vit d'ailleurs pas comme une frustration, mais comme un éveil des sens. Elle s'est mise à écouter de la musique à la mode sur laquelle elle danse dans l'appartement quand elle est seule.

Comme toujours au début de chaque traitement, la Gestalt semble faire des miracles. Sœur Sourire est enchantée et a l'impression de tout redécouvrir, sa vie lui semble tout à coup porteuse d'espoir. Après les « envie de crever » qui ont essaimé dernièrement son journal, il est finalement temps qu'elle rebondisse. D'ailleurs, toutes ces années ne sont emplies que de cela, des montagnes russes de ses inclinations et de sa sensibilité enflammée.

Son intérêt pour la religion – alors que sa foi est toujours intacte et très éveillée – varie également. Ainsi, elle écrit à propos des chants de Noël que ces « fadaises » sont autant de « mièvreries » et surtout qu'elle ne supporte pas cette « théologie à ras-de-crèche ! ». Elle en finit en affirmant qu'elle attend bien autre chose de Noël que « des Marie près de leur petit enfant Jésus… » Jamais auparavant ce genre d'opinion n'aurait été exprimée si clairement. Tout son attachement au sacré se serait offensé à l'idée même d'une ombre sur le tableau liturgique. Elle a déjà largement écorné ces principes avec l'évocation d'une sexualité possible malgré l'abstinence prônée et elle continue à tirer à boulets rouges contre un certain nombre de règles. Ainsi, les « fardeaux » de l'existence que l'Église accepte en suggérant même qu'ils sont « doux à porter » lui sont devenus insupportables. Tout en elle se rebelle contre cette idée de la fatalité du malheur que des années d'Évangile lui ont pourtant enjoint d'accepter. *Celle qui dormait* s'est éveillée au monde et à ses contingences en regardant autour d'elle et en détestant l'intolérable.

Seul le confinement du couvent pouvait lui faire tout accepter sans critique. Depuis, elle a franchi des étapes ; non qu'elle ait perdu ce qui l'animait autrefois, mais son regard est différent.

En ce Noël 1981 sort enfin la nouvelle version de son tube remixé. *Électronique-nique-nique* est le nom qui a été retenu et le concept se veut moderne, tourné vers les jeunes. Le lancement a lieu au *Mirano*, une boîte de nuit de Bruxelles. Ce soir-là, Sœur Sourire est culte, tous dansent et applaudissent l'ancienne star qui fait son comeback. La presse n'est pas en reste et les articles sont positifs. Mais l'ex-religieuse ne recevra que très peu d'argent, le fisc se servant en premier sur les ventes. Et puis la cible principale qui est celle des jeunes n'est pas complètement emportée, le disque leur plaît surtout parce qu'il est décalé, voire un peu ridicule.

Dans les égarements de Sœur Sourire revient toujours le désir de se remettre à la peinture. Au cours de l'année 1982, elle se promène et dessine des paysages, des vues de Bruxelles. Elle se lance dans l'enseignement de la peinture qu'elle dispense chez elle ou à l'extérieur. Une exposition de ses œuvres est ensuite prévue à l'hôtel de ville de

Wavre. Ce qui donne lieu à une nouvelle réflexion de Sœur Sourire sur la multiplicité possible de ses talents, où elle fait preuve de son mordant habituel. Oui, en effet, pourquoi une seule et même personne ne pourrait-elle pas conjuguer la peinture, l'écriture et la musique ? « Je n'ai pas qu'un seul côté, une personne a plusieurs facettes », affirme-t-elle avec force. Elle ne peut plus rien faire sans avoir le sentiment de devoir se justifier. Son rapport aux autres n'évolue que sur un mode tertiaire, recul, défense et attaque...

Sa sensibilité à fleur de peau lui fait trouver une nouvelle raison d'être ulcérée lorsque survient Pâques. Elle ne supporte plus de penser à la souffrance du Christ mis en Croix, prie et pleure sans discontinuer. « Je ne crois pas en ce Christ-miracle qui serait comme un médecin malgré lui », s'écrie-t-elle. Ce n'est pas nouveau, les années précédentes, elle s'était déjà emportée à ce sujet. Deux ans auparavant, elle avait critiqué la tradition d'embrasser le Christ sur les pieds. Cette vénération de la Croix l'obsède désormais.

Peut-être est-ce un détail de trop qui pousse Annie, toujours plus inquiète, à lui faire accepter une cure de désintoxication. Depuis longtemps, elle la voyait de plus en plus tôt l'air « vaseux », avec pour seule envie celle de dormir. « J'en étais arrivée, avec ce régime de médicaments perpétuels, à me barricader derrière une sorte de faux moi-même, de masque », explique sans fard Sœur Sourire. Elle décide alors de passer deux semaines à Clerlande. Et Annie ne va pas la quitter un instant, afin qu'elle ne se décourage pas. « Ce n'est pas rigolo du tout », confirme l'ex-religieuse qui, malgré sa volonté de s'en sortir, a dû payer le prix fort. Sevrage absolu, ni alcool ni pilules, juste Annie face à elle et la seule perspective du vide et des dettes. Les deux femmes partent ensuite dans le sud de la France et tentent de retrouver un chemin paisible grâce à leurs heures de prière commune.

Mais la réalité n'est jamais loin. Mettant en avant sa dette pour l'achat de l'appartement, la société de prêt Ippa brandit une nouvelle menace de saisie si 18 000 euros ne lui sont pas versés. Jean Berlier est appelé à la rescousse et tente de négocier avec acharnement. En vain. Une vente publique de leurs biens est annoncée. Certes, ce n'est pas la première fois, mais le risque paraît plus réel que d'habitude. Les deux femmes s'adressent alors « à nouveau » à « Monsieur le Roi ». Après avoir écrit une lettre assez compassée,

Sœur Sourire s'écrie : « J'en ai plein le dos. » De fait, comment résoudre ce qui ne peut l'être ? La foi, les projets, les disques, les concerts... rien de tout cela ne résiste au matraquage des sommes exigées et à la venue imminente de l'huissier. Mais sa missive au palais a peut-être tout de même changé la donne, car Ippa, qui avait de fait réellement touché 15 000 euros lors du prêt hypothécaire et n'avait pas « validé » cette somme dans sa comptabilité, s'est soudainement aperçu que ce règlement avait bien eu lieu. Au dernier moment, l'expropriation comme la vente sont annulées. Cependant – cela touche à une question de logique bancaire – il faut régler les frais de notaire et de justice que le contentieux a entraînés durant toutes ces années. Ce qui représente encore une somme assez coquette. L'expert-comptable est ulcéré et entreprend avec un avocat différentes démarches. Même pour lui, cela ne sera pas simple et Ippa fera encore la sourde oreille.

Au moment où une partie de cette histoire a pu trouver une conclusion, c'est du côté de Fichermont cette fois où tout semble s'agiter : le couvent veut reprendre la discussion. Quelques allées et venues assombrissent pourtant à nouveau le ciel de leurs relations et Sœur Sourire menace une fois de plus d'aller devant les tribunaux. Il s'agit toujours du même éternel problème : elle se refuse à ne plus porter son pseudonyme qui, d'après le couvent, est une usurpation de droits. « Ou alors, moi, je peux songer froidement à me suicider et sans sourire », note-t-elle avec une certaine impassibilité. C'est l'avocat du couvent qui propose alors un nouveau compromis, preuve s'il en était encore besoin que la congrégation n'a pas tout à fait la conscience tranquille. S'il avait été possible d'assigner Sœur Sourire parce qu'elle usait illicitement de son nom alors qu'elle avait signé en acceptant de ne plus le faire, Fichermont ne s'en serait sans doute pas privé. Or, dans tous leurs démêlés, il est flagrant que le couvent temporise et tente de faire revenir l'ancienne religieuse à de meilleurs sentiments. L'avocat offre une somme assez rondelette, mais qui est encore loin de couvrir les dettes accumulées depuis toutes ces années : 12 000 euros. Ce n'est pas si mal, mais en contrepartie, elle s'engage à plus rien leur réclamer et leur litige est définitivement soldé. Enfin, elle peut garder son nom.

Elle devrait davantage négocier afin d'obtenir plus, mais cela lui est viscéralement impossible. Elle a peur de perdre ce qui lui a déjà été promis et dont elle pourrait tout de suite bénéficier, tout comme elle craint de mettre en péril cette récupération d'identité usurpée. De plus, le ou les procès pourraient durer indéfiniment et elle ne peut se permettre d'attendre. Comment sinon stopper l'hémorragie ? Au demeurant, si elle accepte, elle a bien compris que c'est une façon de se rendre pieds et poings liés, et de reconnaître que ses exigences ne valaient que ce prix-là et pas davantage. Annie, qui de son côté a des problèmes financiers avec Claire-Joie, la pousse à accepter ce compromis qui va leur permettre de souffler un peu. Il aurait fallu avoir une vision plus vaste, faire surtout confiance à la procédure, temporiser un peu plus. Mais le fisc qui n'a jamais baissé sa garde n'a pas joué un rôle très positif...

À ce moment-là, Claire-Joie connaît de grandes difficultés pécuniaires. Et malgré quelques appels aux dons lancés dans la presse, le centre va devoir fermer ses portes. Le budget a explosé, les dépenses sont trop élevées par rapport aux recettes. C'en est fini de cette belle aventure et du travail avec les enfants autistes pour lesquels Annie a tant donné. La jeune femme ne se décourage pas pour autant, prend des remplacements de kinésithérapeute, accepte toutes sortes de petits emplois, dont du ménage et du baby-sitting. Courageuse Annie qui ne baisse pas les bras et qui envisage même d'écrire un second livre sur son expérience passée avec les gamins !

Car l'argent de Fichermont n'a fait que couvrir quelques dettes. Sœur Sourire reprend un moment espoir quand son bourreau habituel des contributions de Wavre est remplacé même si ce n'est que temporairement. De fait, ce nouveau fonctionnaire paraît plus souple et engage une autre forme de communication avec elle. Ce qu'elle souhaite est la fin de la saisie sur ses droits d'auteur, ce qui lui permettrait d'envisager l'avenir autrement. Une caisse de la ville débloque même un peu d'argent pour ses frais médicaux.

Ce n'est pas un luxe, car elle a replongé dans ses bonnes vieilles habitudes et la liste de ses médicaments est aussi longue que ce qu'elle était avant sa désintoxication. Chaque événement est l'occasion d'en absorber un peu plus, puisqu'elle doit donner le change et faire bonne figure à toute apparition publique. À cette période, elle prépare une nouvelle exposition de peinture à l'hôtel de ville de Wavre. Son journal reprend toujours les mêmes mots de désespoir : « envie folle de crever, crever, oublier... » Malgré un enregistrement d'un

45 tours pour enfants intitulé *Petit frère d'Europe*, peu de perspectives se profilent à l'horizon. Le vernissage lui apparaît comme un camouflet supplémentaire ; peu de gens s'y sont rendus. Sur le buffet sont restées presque intactes, comme autant de preuves éclatantes et tristes de la défection générale, les boissons prévues pour la soirée.

Celle qui s'est tant battue pour son nom s'interroge toujours et encore sur son image. « S'appeler Sœur Sourire n'est pas une sinécure. » Ce qui la préoccupe est le lien que font éventuellement ceux qu'elle rencontre avec Dieu : « Ils attendent un certain signe de la tendresse et de la bienveillance de Dieu à leur égard, à travers mon sourire, ma manière d'être, de rendre service. » Cela tourne vite à l'obsession chez elle et à une sorte de complexe messianique où elle se place au premier plan, sans toutefois parvenir à assumer sa place.

Boire et encore boire, être ivre en plein après-midi, danser, écouter les Beatles à fond, envoyer des lettres à tout le monde, s'oublier dans les caresses intimes... voici à peu de détails près le déroulement de ses journées pendant l'été 1984. Et puis, un soir où Annie rentre, elle la reçoit avec un débordement de tendresse plus marqué que d'habitude. Toutes deux se déchaînent sur la musique et s'amusent en oubliant leurs soucis. « On a soupé tôt, et on s'est offert une exquise soirée de *câlins-pyjama*, aussi folle que la danse qui avait précédé. » Suit la révélation de ce qu'elle n'avait jamais réussi à dire jusqu'à ce jour. « Chez Annie, tout est bon à croquer, mordre, caresser, câliner. Lorsque je me suis sentie si proche d'elle et pouvant lui offrir tant de bonheur, je n'ai plus regretté les orgasmes de l'après-midi [...] Enfin, me voilà une fois de plus heureuse d'avoir pu me donner à Annie à cause d'une grande joie physique acceptée en face », s'exclame-t-elle. Les termes sont clairs et font référence à d'autres occasions ; sa lettre n'hésite-t-elle plus à parler de sa sexualité enfin assumée. Il ne faut certes pas perdre de vue que par ce biais elle a peut-être aussi cherché inconsciemment à provoquer son correspondant et confident – un homme qu'elle a aimé à sa manière. Mais ses accents de sincérité ne sont pas feints. Et comme l'a exprimé Jean Berlier après leur mort : « Je leur souhaite d'avoir au moins eu ça dans leur chienne de vie. » Elle écrit ensuite des poèmes à la gloire du corps d'Annie et en hommage à leur amour. Leur idylle est d'autant plus intense dans cette atmosphère estivale où elles peuvent, selon leur habitude, se promener d'un endroit à un autre. Il aura donc fallu toutes ces années de vie commune, ces suspicions sur la nature de leur relation sans cesse rejetées pour que Sœur Sourire, tardivement, découvre le plaisir physique avec sa compagne.

À la rentrée, cependant, les menaces restent les mêmes : la saisie plus qu'éventuelle sur l'appartement, et même l'arrêt d'un tout nouveau travail que Sœur Sourire a trouvé comme professeur de religion à Wavre. L'ancien receveur des contributions est de retour, plus déterminé que jamais à poursuivre l'ex-religieuse de ses rigueurs. Elle a surnommé cet homme implacable « le crochu ». Les dettes continuent de grossir. Le plus absurde, c'est qu'on ne saura jamais vraiment combien elle a réussi à rembourser pendant toutes ces années dans ce qui apparaît comme un puits sans fond.

Que peuvent-elles encore faire ? Que leur reste-t-il ? Si peu d'espoir, si peu de perspective ? Les lettres se multiplient, avec chaque fois la sensation d'envoyer une bouteille à la mer. « Le moral de Jeannine est très mauvais », écrit Annie qui précise : « Elle est vraiment très déprimée et aucune thérapie ne peut l'aider tant qu'on a cette angoisse du fisc. » Elle décrit leur vie anéantie, sa compagne assommée par les médicaments. « ... et nous ne savons plus rien faire, à huit heures, nous sommes au lit, elle pour récupérer, moi pour oublier », poursuit-elle. Chacune voit le malheur en l'autre et se sent impuissante.

Comme toujours, Annie se débat, elle demande de l'aide à l'un, de l'argent à l'autre. Tous leurs amis prêtent ce qu'ils peuvent, mais comme elles ne sont pas en mesure de rendre, cela aussi a des limites. Elles s'adressent à Jean Berlier pour le pousser à faire avancer leurs affaires, à Jean-Yves Quellec pour trouver de la compassion. Leurs lettres débordent d'appels au secours.

Sœur Sourire écrit au ministre des Finances pour le supplier d'obtenir un recours en grâce sur les impôts, et accomplit la même démarche auprès des instances de la Cour. Elle confesse aussi qu'elle a repris son cycle de boulimie : « Par angoisse ou solitude, j'avale ce qui me tombe sous la main, solide ou liquide, avec préférence pour l'alcool qui, joint aux calmants, augmente leur effet apaisant et tranquillisant. » Sa description est lucide et jamais complaisante. Et puis « chialer » comme elle le dit, alors qu'elle veut « vivre et non toujours combattre pour une *survie* ». Dans sa chanson *Les Drogués,* elle l'a évoqué à sa manière :

Ils s'évadent de l'existence
Morts-vivants hallucinés.
Ils s'en vont vers l'inconscience
Lent suicide organisé
Paradis des joies faciles
Où s'abriteront leurs peurs...

L'angoisse la mine et désarme Annie qui a eu recours à tous les arguments possibles. Les voisins, les connaissances remarquent bien que Sœur Sourire sort peu et que les deux femmes s'enferment de plus en plus. Seul le jeune garçon dont elles se sont occupées les dernières années et qui est devenu leur ami, continue de leur rendre visite. Pour elles, il était « l'enfant de la maison », il avait d'ailleurs les clés, et allait et venait comme bon lui semblait. Entre-temps, il a accompli son apprentissage de coiffure et quand il vient les voir, les coiffe, discute avec elles de choses et d'autres, ou ils écoutent de la musique ensemble. L'ambiance était toujours chaleureuse pour lui, et même joyeuse. Confiant et aimant, il n'a rien vu de la dépendance de Sœur Sourire aux médicaments, pas plus qu'il n'a constaté de véritable aggravation de leur situation. Depuis aussi longtemps qu'il s'en souvienne, cela allait toujours assez mal, ce n'était pas nouveau. « Deux ans avant leur mort, leur situation était d'après moi beaucoup plus grave. Si à ce moment-là elles s'étaient donné la mort, je l'aurais mieux compris », a-t-il expliqué plus tard. En cette fin d'année 1984, pourtant, les « tons gris de la Belgique » avec la pluie et le froid sont encore plus durs à supporter que d'habitude. « Il fait moche à crever dans ce pays », constate amèrement Sœur Sourire qui rêve de soleil et de peintures aux couleurs chaudes.

En janvier 1985, la température de l'appartement ne dépasse pas 13 degrés. Les deux femmes ont du mal à se réchauffer malgré les couvertures qu'elles traînent d'une pièce à l'autre. Dans une lettre, Sœur Sourire raconte qu'Annie a parfois peur de la trouver morte en rentrant. Quelque chose de lourd et d'indécis plane. En mars, persuadée d'avoir de graves problèmes de santé, elle décide de faire des examens à l'hôpital. Elle craint une lésion du cerveau et pense que son estomac est atteint. Au cas où les médecins découvriraient une maladie grave, elle a déjà envisagé une mort rapide. « Nous mettrions au point, à tout prix, nos projets toujours évasifs de suicide, le suicide à deux se justifiant par la difficulté d'Annie comme la mienne de voir souffrir l'autre sans recours », écrit-elle dans une lettre à son ami prêtre. Le nœud se resserre, même si les raisons qu'elle invoque sont apparemment liées à des raisons de santé. Elle est d'ailleurs, comme toujours, assez méticuleuse dans ses descriptions et ajoute : « On a assez de trucs et ficelles pour ne pas se rater. » Leur décision est sans doute née à ce moment-là et s'est précisée ensuite plus concrètement.

Son emploi à l'école de la Providence à Wavre lui tient encore à cœur et elle y déploie de nombreux efforts pour intéresser ses élèves, cherchant aussi ainsi à convaincre la direction de l'importance de son travail. Lorsque le directeur lui signifie qu'il souhaite engager un professeur, elle s'effondre. Elle a pourtant de nouveau exposé à l'hôtel de ville et a même vendu deux dessins. Tout semble contribuer à son découragement, ou plutôt aucune lumière ne vient jamais éclairer leur horizon.

Une dernière lettre est envoyée au receveur des contributions. « J'ose croire à votre compréhension et votre humanité et en attendant de vos bonnes nouvelles, je vous envoie, Monsieur le receveur, l'expression de mes meilleurs sentiments ainsi que toute ma gratitude », conclut-elle avec déférence. Elle lui demande une levée de saisie pour le prochain règlement de la Sabam. Très explicitement et très calmement, elle lui explique l'état de sa/leur situation : les dettes à la pharmacie, à la banque (un prêt pour elle et un découvert pour Annie), une avance de traitement de l'école où elle a enseigné et d'autres montants dus aux prêts d'amis « pour des fins de mois difficiles ». Combien de fois se sera-t-elle humiliée face à cet homme inflexible ? Qu'a-t-il pu penser ensuite, confronté à leur double suicide ? Il s'est évidemment refusé à tout commentaire. D'ailleurs, qu'aurait-il pu dire ? Ses actes parlent d'eux-mêmes.

Les lettres de Sœur Sourire font état d'une orthographe qui n'est plus contrôlée et d'une grande agitation de la pensée. Elle reste lucide sur ce tout ce qui se joue, mais le grand refuge qui a été l'écriture semble aussi se jouer d'elle. « Ma créativité picturale, littéraire, guitaresque est en panne. » Même la prière ne parvient plus à « ressusciter » son courage.

Le reste va se jouer entre les quatre murs de leur appartement. Des échanges de mots entre elles, des rangements, des courriers écrits aux amis, des décisions sur leurs affaires qu'elles veulent laisser aux uns et aux autres... À Jean Berlier Annie donne quelques derniers détails : « C'est le dernier message que nous t'adressons, car d'un commun accord nous nous donnons la mort ce samedi, quand tu recevras cette lettre ce sera fait. » Avant cela, elle s'est épanchée auprès de celle qu'elle a aimée pendant plus de vingt ans, son tendrinou, sa Nine : « Je t'aime à la folie, ma rose de Noël, ma (sic) matin de Pâques, ma perle de lumière [...] Tu as été ma vie. Je t'aime, je ne sais comment te dire MERCI, te demander pardon pour toutes les souffrances que je t'ai causées sans le vouloir, pour toutes mes incompréhensions. Je te donne ma vie, je te donne mon cœur... » Son choix est fait, elle préférera l'accompagner plutôt que de rester sans elle.

Leur décision les a soulagées. Elles ont enfin pu regarder devant elles avec sérénité. Elles auront accompli leur geste comme un rite, avec partage et foi l'une dans l'autre.

Quelques jours plus tard, la Sabam faisait état de ses droits d'auteur trimestriels, la somme avoisinait les 15 000 euros.

« C'est cela le suicide, ne pas croire »

La mort de Sœur Sourire et d'Annie Pécher aura été à l'image de leur vie, dérangeante et bouleversante. De nombreuses légendes ont ensuite tissé des récits plus ou moins justes, en tous les cas pas toujours avérés. Sœur Sourire avait elle-même raconté que l'une de ses guitares, lui avait été donnée par Brassens lui-même – leur rencontre n'a pas pu être clairement établie. Certains sont touchants, d'autres tout simplement faux. Des sites en hommage à la religieuse chantante ont été créés et quelques témoignages sont venus s'ajouter et tenter de compléter les morceaux du puzzle. Ainsi, un ancien élève de Wavre a exprimé son indignation qu'il n'y ait aucun monument ou nom de rue dans leur ville qui témoigne d'elle. D'autres ont simplement évoqué la gentillesse et l'attention de cette femme qui n'était pas que ce personnage embarrassant et qui, comme dans sa chanson, ne se sentait pas être une « vedette ». « Je chante, j'écris, je peins et c'est chouette », et un peu plus loin : « Mes chants souriaient, moi pas, y a pas à en avoir honte », affirmait-elle avec la belle ironie qui l'a toujours caractérisée. À chaque étape de son curieux parcours, ses courageuses tentatives d'approcher une vérité, éveillent non seulement la compassion, mais aussi une fraternité d'esprit.

Sommaire

« Aller jusqu'au bout... » 5

1. « Qu'est-ce qu'ils s'en foutent les autres » 9

2. « *Dominique, nique, nique...* » 29

3. Un premier « tunnel difficile » 53

4. « Une faim de Dieu » 77

5. « Une faim du monde » 105

6. « Je suis à la fois Jeannine D. et Sœur Sourire » 131

7. « Quel imbroglio que ma vie actuelle ! » 153

8. « Mais que tout cela est difficile à vivre ! » 173

9. « C'est cela le suicide, ne pas croire » 195

Sources

Ouvrages, journaux, revues

Leen Van der Berg et Luc Maddelein, *Sœur Sourire, journal d'une tragédie*, Bruxelles, Luc Pire, 2005.

Florence Delaporte, *Sœur Sourire, brûlée aux feux de la rampe*, Paris, Plon, 1998.

Henry Everaert, *Sœur Sourire, une voix sans visage*, (Journal), Bruxelles, Didier Hatier, 1988.

« Le dernier cri de Jeannine et d'Annie », *Topics*, mai 1985. Revue flamande, article traduit par Christiane Pauwels.

Dépêche AFP, mardi 2 avril 1985, 7 h 35

Sœur Sourire, *Curriculum vitae*, écrit de sa main, 2 novembre 1984

Luc Dominique, *Vivre sa vérité*, Bruges, Desclée, 1968.

Raïssa Maritain, *Les Grandes Amitiés*, Paris, Seuil, 1966

« Sœur Sourire nous dit », *Le Patriote,* 29 décembre 1963

Léon Tolstoï, *Le Père Serge*, in *Souvenirs et récits*, Paris, La Pléiade

Victor Hugo, « Waterloo ! Waterloo ! morne plaine ! », in *Châtiments*

La Bible de Jérusalem, Isaïe, chap. XXXVIII

Films, émissions télévisées

Interview télévisée de Claude Angeli, 7 décembre 1966, INA.

Carole Laganière, film de fin d'études de l'Insas (titre du chapitre).

« Samedi soir », émission TV de Philippe Bouvard, 27 mars 1971, INA.

« 7 jours du monde », émission TV, 17 juillet 1964, INA.

« Télé-Midi », émission TV, 29 février 1972, INA.

Chansons de Sœur Sourire

Le 17 octobre 1933 (chanson comique pour un demi-siècle)

Les Canards, 1980.

Chanson de peine

Collection « Coup de gueule »
dirigée par Jean-Claude Gawsewitch

Alexandre Adler, Gilles-William Goldnadel, *Conversation sur les sujets qui fâchent*
Guillaume D'Alessandro, *AZF : une vérité foudroyante*
Olivier Bardolle, *Éloge de la graisse*
Christophe et Martine Beck, *L'Otage oublié*
Guy Carlier, *La Vie, l'amour, le foot*
Jean-Paul Brighelli, *La Fabrique du Crétin*
Jean-Paul Brighelli, *À Bonne École*
Jean-Paul Brighelli, *Une École sous influence*
Jean-Paul Brighelli, *Fin de récré*
Dominique Decèze, *France Telecom, La Machine à broyer*
Dominique Decèze, *Haute Tension à EDF-GDF*
Dominique Decèze, *Services publics, la grande braderie*
Dominique Decèze, *Gare au travail*
Pierre Delval, Guy Zilberstein, *La Contrefaçon, un crime organisé*
Caroline Derrien, Candice Nedelec, *Sarkozy et les femmes, un homme sous influence*
Gérard Filoche, *On achève bien... Les inspecteurs du travail*
Gérard Filoche, *La Vie, la santé, le travail sont précaires. Pourquoi le travail ne le serait-il pas ?*
Gérard Filoche, *Mai 68 : Histoire sans fin*
Gérard Filoche, *Les Caisses noires du patronat*
Gilles Gaetner, *Rachida Dati, et si on parlait de vous ?*
Jacques Gaillot, *Carnets de route*
Francis Guthleben, *Scandales à France Télévisions*
Marc Le Bris, *Bonheur d'école*
Michel Malaussena, *Les Animatueurs*
Noël Mamère, Patrick Farbiaz, *La Tyrannie de l'émotion*
Noël Mamère, Patrick Farbiaz, *Petits arrangements entre amis*
Jeannine Martigny, *Otages à perpétuité*
Maurice T. Maschino, *Un Geste ordinaire*
Maurice T. Maschino, *L'École de la lâcheté*
Patrick Maugein, *Ouï-dire sur la mort*
William Nasarre, *Confidences dérangeantes d'un homme d'église*
Rosemonde Pujol, *Un Petit Bout de bonheur*
Rosemonde Pujol, *Le Vingtième sexe*
Barbara Romagnan, *Du Sexe en politique*
Michel Sapanet, *Chroniques d'un médecin légiste*
Jacques Séguéla, *Tous ego*
Régis Sérange, *Flic de supermarché*

Dépôt légal : avril 2009

Composition et mise en page

NORD COMPO
multimédia